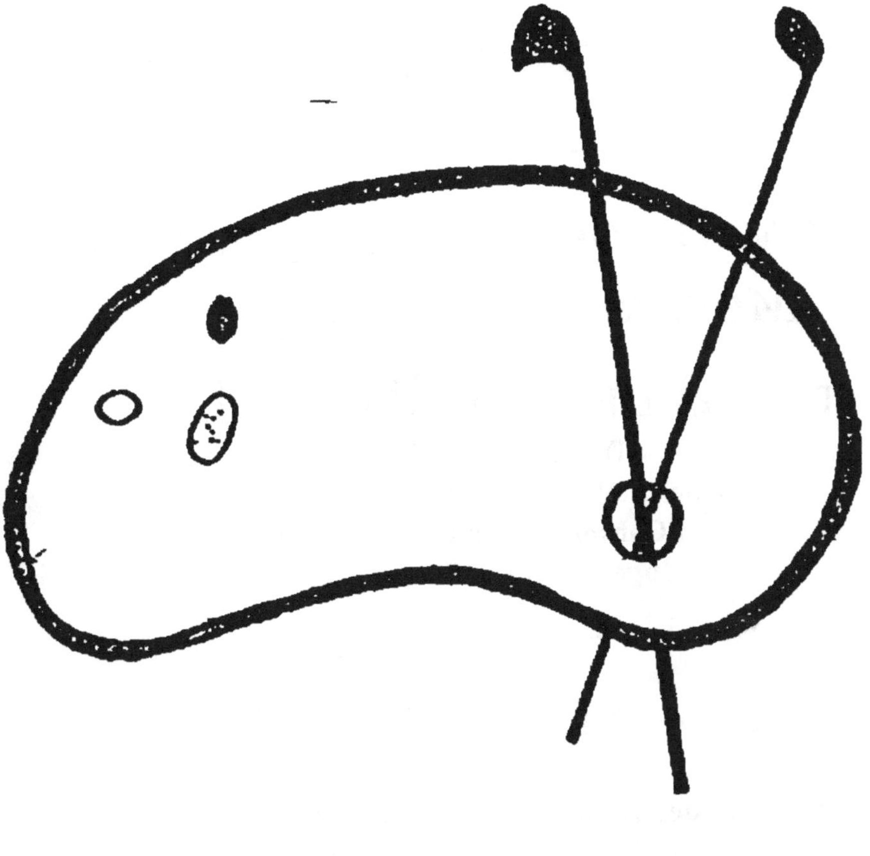

DEBUT D'UNE SERIE DE DOCUMENTS
EN COULEUR

A. B. C.

PHILOSOPHIQUE

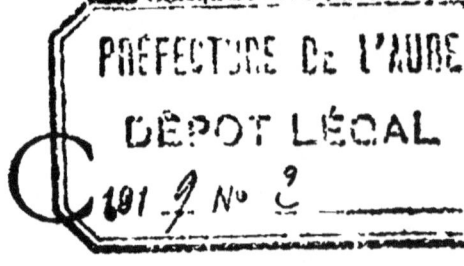

*Psychologie — Logique
Morale — Sociologie*

Par Alfred PINEL

Docteur en droit
Ancien Maire de Bar-sur-Seine
Ancien Conseiller à la Cour de Bastia
Juge de Paix à Epernay

Préface d'Eugène LEROUX

Conseiller d'Etat
Directeur des Affaires Criminelles, des Grâces
et du Cabinet du Garde des Sceaux

GRANDE IMPRIMERIE DE TROYES	LIBRAIRIE CH. GRIS
126, Rue Thiers	70, Rue Emile-Zola
TROYES	**TROYES**

1919

Grande ✤ ✤ ✤ ✤ ✤ ✤ ✤
✤ ✤ ✤ Imprimerie ✤ ✤ ✤
✤ ✤ ✤ ✤ ✤ ✤ ✤ de Troyes

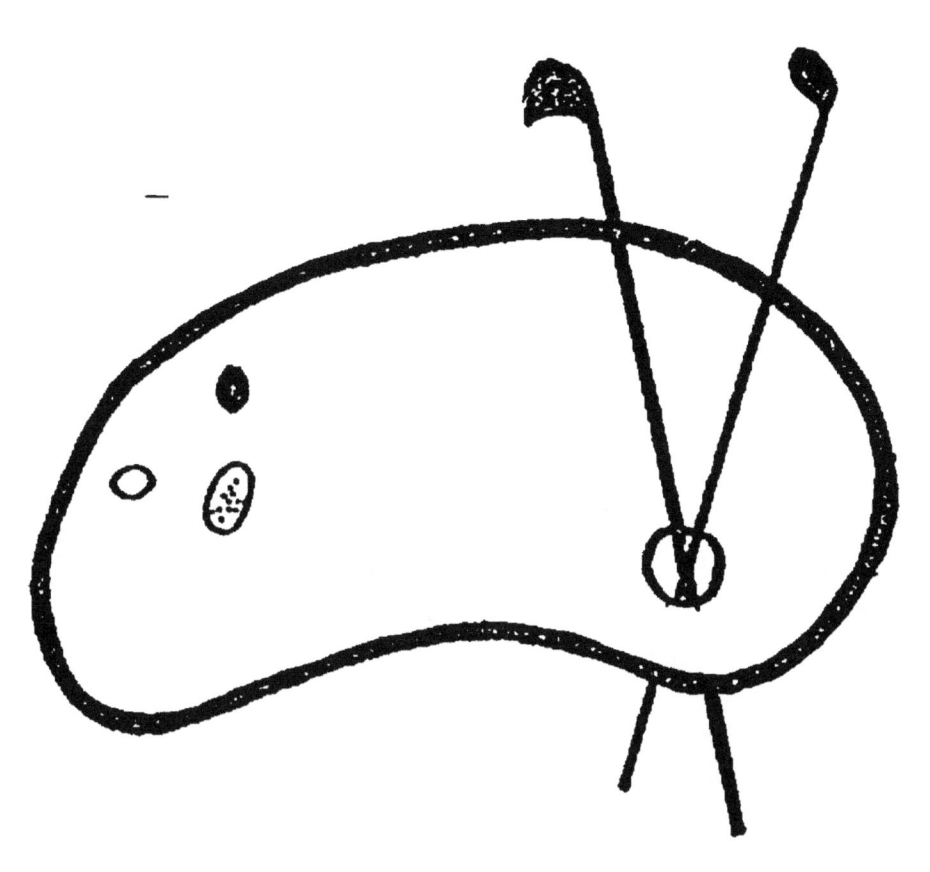

FIN D'UNE SERIE DE DOCUMENTS
EN COULEUR

A. B. C.
FHILOSOPHIQUE

A. B. C.
PHILOSOPHIQUE

Psychologie — Logique
Morale — Sociologie

Par Alfred **PINEL**

Docteur en droit
Ancien Maire de Bar-sur-Seine
Ancien Conseiller à la Cour de Bastia
Juge de Paix à Epernay

Préface d'Eugène **LEROUX**
Conseiller d'Etat
Directeur des Affaires Criminelles, des Grâces
et du Cabinet du Garde des Sceaux

GRANDE IMPRIMERIE DE TROYES	LIBRAIRIE CH. GRIS.
126, Rue Thiers	70, Rue Emile-Zola
TROYES	**TROYES**

1919

TABLE GÉNÉRALE

Dédicace V
Préface d'Eugène LEROUX VII

AVANT-PROPOS

I. — L'après-guerre 3
II. — Le Citoyen moderne 5
III. — Quelques considérations sur la faiblesse de l'esprit humain 9

PSYCHOLOGIE

I. — L'Esprit humain 31
II. — La Sensibilité 37
III. — L'Intelligence 46
IV. — La Volonté 64

LOGIQUE

I. — Les Idées 73
II. — Le Langage 80
III. — La Méthode 83
IV. — Les Certitudes 101

MORALE RATIONNELLE

I. — Théorie 107
II. — Historique 118
III. — Pratique 122

SOCIOLOGIE

Solidarité sociale 127

ANNEXES

DÉDICACE

Au Citoyen Georges CLEMENCEAU

Président du Conseil

Ministre de la Guerre

Membre de l'Académie Française

Au Grand Français qui a bien mérité de la Patrie

Qu'il me soit permis de dédier cet A. B. C. philosophique, humble tribut d'admiration reconnaissante et de dévouement absolu.

A. PINEL

Epernay, 8 décembre 1918.

PRÉFACE

M. Pinel est un philosophe au sens plus exact du mot. Aimant et pratiquant la sagesse, il voudrait voir la philosophie répandue parmi le peuple qui a le plus peur du mot que de la chose, et, peut-être, parce qu'elle ne lui fut jamais assez simplement présentée. La plupart des hommes, en effet, sont plus ou moins des philosophes, mais sans le savoir, à la manière de M. Jourdain qui parlait en prose et ne s'en doutait pas, puisqu'on ne le lui avait pas appris. C'est au peuple que s'adresse le livre de M. Pinel, qui, sous la forme la plus concise et la plus précise à la fois, expose les éléments de la psychologie, de la logique et de la morale pour permettre à ses lecteurs de mieux comprendre les mobiles et de mieux commander au mécanisme de leurs pensées et de leurs actions. La science de soi-même, tels sont l'objet et le sujet de cet ouvrage que je suis heureux de signaler a ceux à qui il est destiné.

Je connais M. Pinel depuis longtemps et les circonstances m'ont permis d'apprécier sa haute valeur morale Contrairement à ce que nous savons de tant de théoriciens, sa vie fut et demeure un exemple de ce qu'il enseigne. Comme homme politique autant que comme magistrat, il a le rare mérite d'avoir mis ses actes en harmonie avec les idées généreuses qu'il a exposées et défendues avec la foi ardente de l'apostolat. Sa longue carrière se recommande à l'estime de tous par l'unité de doctrine. d'idéal et d'effort. Il est de ceux qui peuvent ne pas varier, leur esprit et leur activité étant toujours tendus vers la société humaine dont le bien physique et le bonheur moral sont leur continuelle préoccupation : il a du devoir la plus belle, la plus féconde et la plus heureuse conception.

Dans son livre se reflète son caractère. Il a été écrit par un homme de réflexion, de travail et d'honneur, qui, ayant puisé dans la philosophie la force morale et les satisfactions intellectuelles, parvenu au soir de sa vie, résume, pour de moins érudits que lui, les leçons de la philosophie, afin de les encourager à aller puiser aux sources plus abondantes les joies pures qu'il y a goûtées.

M. Pinel fait la œuvre de vulgarisation. Il montre le chemin, en indique les etapes et laisse entrevoir le but vers l'infini des connaissances permises à la curiosité des hommes. Savoir est le plus grand des bienfaits auxquels il nous soit donné de prétendre, et chacun de nous doit et peut le mériter.

E. LEROUX,

Conseiller d'Etat,
Directeur des Affaires Criminelles,
des Grâces et du Cabinet du Garde des Sceaux.

Paris, 4 décembre 1918.

AVANT-PROPOS

I. L'Après-Guerre.

II. Le Citoyen moderne.

III. Quelques considérations sur la faiblesse de l'esprit humain.

AVANT-PROPOS

1. — L'Après-Guerre

La guerre la plus terrible éclate en août 1914 : elle devient de suite la plus abominable des guerres.

L'armée allemande commet les crimes les plus odieux par leur préméditation : violation des traités internationaux, mépris des Lois internationales qui visent à modérer les horreurs de la guerre entre peuples civilisés, terrorisation par les assassinats de femmes et d'enfants, par les destructions et les incendies des villes ouvertes et des monuments historiques, sans but ou intérêt militaire.

Toutes ces abominations furent commises par ordre méthodique et avec cynisme.

Tout est encore là sous nos yeux pour clouer au pilori de l'histoire les maîtres de cette race d'hommes qu'ils ont intoxiqués en éveillant chez eux tous les appétits matériels de la bête humaine et en étouffant chez eux tout sens moral.

Hélas! Il faut le reconnaître et le proclamer :

ces hommes ont cessé d'être doués de raison, et sont descendus au niveau de la brute ; — car il est un principe universel, c'est que tout ce qui vit est ou raisonnable ou brute.

Comment cette race allemande est-elle arrivée à perdre le sens moral et à devenir une collectivité privée de raison ?

L'Histoire, plus tard, le démontrera et le proclamera.

J'entrevois, je veux entrevoir la possibilité d'une cure morale pour cette race d'hommes qui s'est laissée dégrader, et je place aujourd'hui notre pensée dans une atmosphère plus haute, plus sereine.

Je songe alors aux facultés utiles que la nature humaine trouve en elle-même pour se préserver à jamais de pareille chute, aux moyens qu'elle possède pour développer ces facultés qui la placent au-dessus de tous les autres êtres vivant autour d'elle.

L'Homme n'est-il pas le seul être, *avec les Dieux*, à posséder la raison, ainsi que le disaient les philosophes de l'antiquité ?

Aussi plus que jamais, après les terribles épreuves que nous venons de subir, j'ai voulu consacrer mes modestes et derniers efforts à démontrer que l'homme, plus il est pétri de civilisation, plus il doit suivre la vraie tradition, la perpétuer à son tour et transmettre ainsi le progrès scientifique et moral.

Et comme il doit faire passer les besoins matériels après les besoins intellectuels et moraux, il doit d'abord s'instruire, connaître le monde et l'homme, s'il veut redresser les torts et rendre meilleure l'humanité ; avant tout il doit mettre en pratique la maxime : « *Se connaître soi-même* ».

Il doit donc connaître l'organisme « *du Soi* », de la vie intime et de ses ressorts et répercussions fonctionnelles ; — apprendre ensuite à se servir de cet organisme en personne douée de raison comme tout être humain doit vivre.

Telle est la conviction bien ferme qui m'a dicté cet A. B. C. philosophique « *ad usum populi* » — je me suis efforcé d'exposer en termes les plus simples les éléments de psychologie, de logique, de morale et de sociologie pour les vulgariser, par les soins de nos Professeurs et de nos Maîtres de l'Enseignement, et pour offrir ainsi à toutes les bonnes volontés un résumé plus pratique que doctrinaire des principes qui doivent présider à notre vie individuelle et sociale.

II. — Le Citoyen moderne

Nos grands auteurs classiques, quand ils se faisaient éducateurs, écrivaient et dédiaient leurs œuvres à Monseigneur le Dauphin, — « *Ad Usum Delphini* ».

Le Dauphin était à leurs yeux le futur conducteur du Peuple de France : son instruction et son éducation étaient l'objectif de nos penseurs qui voulaient une France puissante et agissante dans la sphère mondiale.

Nous autres, fils de la Révolution française, nous apercevons à l'orée de l'avenir notre Dauphin, le Peuple, nouveau Protée aux mille têtes, appelé par la logique de notre principe démocratique et par le jeu du suffrage universel, à la direction des affaires publiques. — C'est lui qui est appelé à jouer le grand rôle dans l'Etat social moderne.

Aussi son instruction et son éducation deviennent obligatoirement nécessaires pour la vitalité du Régime démocratique. — C'est à lui que revient le pouvoir ; or, le pouvoir comporte des Droits et des Devoirs ; pour proclamer les uns et les autres, pour les imposer « in globo » à tous et privativement à chacun avec justice et équilibre, il faut nécessairement que le Souverain, le grand maître de la Conscience nationale, possède le Savoir d'abord, le Vouloir ensuite.

Le Savoir, c'est la résultante de tout travail cérébral, qu'il soit intellectuel ou technique : tout travail est l'œuvre de l'intelligence, faculté que nous possédons plus ou moins sous ses formes multiples ; — attention — comparaison — jugement primitif — raisonnement — jugement rationnel.

Or, tout travail cérébral présente un caractère *impersonnel*, en ce sens qu'il est normalement le même pour tous, et qu'il donne à tous les mêmes moyens comme il leur a fourni le même organisme.

Pourquoi et comment la résultante du travail cérébral, de cette faculté « Intelligence » est-elle cependant si variée, si dissemblable avec chaque individu au cours de la vie ? C'est qu'il y a au départ inégalité constitutionnelle.

Le Vouloir est, au contraire du Savoir, la résultante de toutes les manifestations d'un caractère absolument et exclusivement *personnel*, objet successif d'action et de réaction, subjectivement soumis à notre sensibilité ou à notre intelligence ; d'où conflit entre nos deux facultés essentielles et primordiales, donnant naissance à l'acte final, au *Voulu* par le Moi dans son intégralité.

Tel apparaît le *Pouvoir*, résultante finale de nos trois facultés — Sensibilité — Intelligence — Volonté ; ainsi le Pouvoir a son origine dans la sensibilité ; il évolue et se transforme par l'intelligence ; — puis il devient action ou réaction par la volonté.

La conclusion est que l'étude de ces trois facultés apparaît nécessaire à tout homme pour connaître ses droits et ses devoirs, s'il veut être perfectible tant comme être individu que comme être social.

L'homme n'est-il pas ce merveilleux animal, puisant le principe de sa vitalité physique, intellectuelle et morale dans le Passé, destiné à être le témoin vibrant et l'acteur principal au milieu des forces vivantes du Présent, pour être le pionnier lumineux tendu vers l'avenir ?

Les lettres, les sciences, les arts, la philosophie, la morale, la religion, la sociologie lui sont accessibles, malgré leur complexité : seul l'infini lui est interdit, parce que l'homme est un être *fini*, mais perfectible.

Par la science il recule les bornes de son horizon intellectuel et moral, et du sommet de chacune de ses conquêtes nouvelles, il ne peut qu'*apercevoir* la terre promise et enviée : l'homme apparaît ainsi idéaliste, et reste idéaliste : c'est en cela que réside sa supériorité intellectuelle et morale parmi tous les êtres organisés.

C'est ainsi que son règne a une fin inéluctable, et qu'au contraire l'infini est éternel : mystère, mysticisme, mythe, légende, peu importe le nom donné à un phénomène d'ordre psychique !

D'un côté de la barrière, que la fiction peut imaginer entre le *Fini* et l'*Infini*, la vie humaine avec ses douleurs et ses joies, voilà la part de l'homme ; de l'autre côté, l'infini dans l'espace, l'éternel dans la durée, telle est la part que l'Être suprême s'est réservée.

III. — Quelques considérations sur la faiblesse de l'esprit humain

Je dois dire à mes amis, auxquels je dédie cet opuscule et à mes lecteurs, l'idée dominante qui depuis plusieurs années s'est ancrée de plus en plus, dans mon esprit : Je redoutais, à bon droit, hélas ! et de plus en plus l'outrance de l'*Individualisme*, sous la forme des appétits et des convoitises de toutes sortes au détriment des idées d'altruisme et de solidarité.

Pouvait-il en être autrement pour tout homme qui est entré dans la vie active quelques années avant 1870, et qui a suivi les transfigurations de l'esprit public ?

L'an 1870 ouvrit pour la France et aussi pour l'Europe des temps nouveaux.

Les désastres de la guerre étrangère subie par la France, rompent définitivement l'ancien équilibre européen ; à cet ancien équilibre se trouva substitué un équilibre instable encore né de la politique des groupements par nations.

L'an 1871 vit en France les hécatombes de la guerre civile ; qui laissent bien loin derrière elles les massacres de Septembre 92 et les sanglantes journées de Juin 1848 : elles élargissent le fossé séparatif des classes sociales.

A l'harmonie sociale succède désormais le groupement par classes, ce qui engendre la politique des blocs, et les barricades loin de s'aplanir semblent se surélever encore.

Quel sera le dernier mot de cette politique à l'intérieur ? l'Union sacrée, espérons !

N'était-il pas vrai qu'une nouvelle école avait réveillé les instincts des foules à l'aide de nouveaux dogmes mystiques, érigé en principe social la *Violence*, évoqué l'idée catastrophique en en proclamant que là doit être le but final, ou tout au moins la première étape.

De quels principes de science, de raison, de morale, se réclament les propagandistes de cette nouvelle école ?

Ils ne visent, disent-ils, qu'à procréer l'enthousiasme, voire même le délire, qui seuls doivent amener la catastrophe ; ils proclament insuffisante la valeur professionnelle et morale de l'homme civilisé auquel ils imposent une marche régressive vers l'état primitif ; et ils invoquent à l'appui de leur système la puissance triomphatrice des mythes que nous transmettent la légende et l'histoire.

Qui dit mythe dit chose mystérieuse, impénétrable, fabuleuse, inconsciente ; n'est-ce pas ainsi que les plus grandes crises de l'humanité se sont produites et ont marqué les stades de l'évolution mondiale ?

En première ligne tel est le mythe de la gloire.

Ainsi les triomphes obtenus par les armées romaines suivis de la « *Pax Romana* », puis les succès des armées de la liberté révolutionnaire, et puis des armées napoléoniennes; en seconde ligne, l'extraordinaire mythe de la Foi procréant des martyrs chrétiens, et poussant des foules extatiques vers le bonheur de l'*au-delà*, ouvrant l'ère du Christianisme.

Plus tard le mythe de la grève générale conduisant ou devant conduire à l'égalité universelle, succédant ou devant succéder à la crise catastrophique, créant le bonheur universel *ici-bas* : c'est encore un acte de foi ou de mysticisme auquel il faut se soumettre sans songer au lendemain !

Or, ce lendemain quel sera-t-il ? Quelle puissance y pourvoira ? La technologie s'en charge, dit-on :

La machine dressée par la collaboration du capital et du travail marchera technologiquement au profit des travailleurs d'abord, puis au profit des capitalistes s'il reste des revenus inemployés.

Le Prolétariat n'a qu'à prendre la suite du capitalisme en suivant les programmes de l'atelier!

Il peut paraître osé de vouloir rechercher la source première qui a pu modifier chez quelques-uns la mentalité au point d'y apporter les théories nouvelles et subversives : il me semble utile, faisant un essai de ce côté, de trouver cette source première dans un état nouveau des esprits à la suite des événements de l'année terrible; elle fut, après avoir frappé d'arrêt notre puissance politique et militaire en Europe, une date culminante de notre histoire sociale.

Un esprit nouveau se forme et s'affirme dans notre domaine géographique restreint, et tout l'effort national eut une même tendance vers les moyens les plus propres à relever le pays.

A cette heure d'isolement et de cette double paix, extérieure et intérieure si chèrement acquises, quel pouvait être le ressort *universel* pour entraîner tous les Français vers le relèvement à la fois matériel, intellectuel et moral du pays ?

Les grandes épopées de notre histoire avaient pour ainsi dire sombré enveloppées dans le suaire de nos tristesses ; l'épopée militaire, le Mythe de de la gloire, n'avait plus cet ascendant dominateur pour commander à la nation ; — l'épopée religieuse avait également expiré dans un cri d'impuissance à Rome, dans la ville éternelle ; l'épopée révolutionnaire s'était affaiblie et affaissée dans les grandes et douloureuses journées de 1871. Quel ressort assez puissant pour entraîner tout le monde vers un même but malgré la diversité des individus qui le composent.

Quelle heure allait donc sonner pour marquer le réveil de tout un peuple ?

Ce fut l'heure des besoins matériels suivi des appétits de même nature qui sonna pour chacun de nous si éprouvé : ce fut l'heure du travail dans toutes les sphères sociales ; — ce fut l'heure où chacun courut à sa place de travail comme il avait couru à la place de combattant qu'il avait choisi.

La pensée directrice fut unique chez tous les Français à la suite de cette double épreuve, la France non seulement ne voulait pas mourir, mais elle voulait reprendre son rang que la tradition historique lui avait assigné à la tête de la civilisation ; et alors il y eut un courant national, tellement généralisé et volontaire que nulle dissidence sérieuse ne put apparaître : *On travailla*.

Mais plus tard après les longues heures de travail collectivement consenties devait sonner à son tour l'heure des appétits, lorsque l'on vit accumuler finalement des monceaux d'or entre les mains d'une minorité privilégiée et enrichie par le travail de tous.

Tant que le travail national avait eu pour objectif de servir au paiement de la rançon, à la réédification de nos forces militaires, à la réfection de nos richesses, le moral de la Nation y trouvait son compte et sa satisfaction.

Après une période d'harmonie dans le travail, les conflits devaient éclater et grandir en nombre et en force. Les classes sociales se dessinèrent plus nettement ; et la Nation devait bientôt ne plus comprendre pour ainsi dire que deux blocs, le bloc capitaliste et le bloc prolétaire, issus de la même fournaise mais en deux courants si contradictoires que les deux blocs allaient se rencontrer et produire le conflit et le choc.

Chaque bloc devait avoir son organisation, ses chefs, ses orateurs, ses propagandistes, sa tactique et ses projets d'avenir.

De même chaque bloc avait les yeux tournés vers les détenteurs de la Puissance publique, implorant son intervention ou imposant ses désirs et ses volontés, obtenant des succès ou subissant des reculs au gré des fluctuations de la politique du jour, maudissant ou bénissant à tour de rôle cette puissance publique.

C'était là que devait se trouver en fin de compte la solution plus ou moins exacte des questions que les deux blocs « Capital et Travail », voyaient surgir et se dresser entre eux, et que cette Puissance publique émanation de l'Opinion publique, pouvait seule aplanir ou redresser, ou résoudre quelques fois.

Si le conflit existait de plus en plus ardent et complexe dans le monde du travail et dans le monde du capital, il n'existait pas moins dans les régions des pouvoirs publics où il était transporté.

La question était à chaque instant posée, chaque fois avec plus de force et de précision, et de là sortirent les propositions les plus diverses, et finalement quelques lois spéciales présentant un caractère nouveau car elles rompent en visière avec le passé juridique de la nation qui avait accepté et imposé certains principes nouveaux en Droit.

Nous arrivons ainsi à un tournant de notre histoire sociale et nous constatons de là que de nouvelles décisions juridiques vont aujourd'hui dépendre des faits économiques nouveaux.

Il ne faut pas cependant s'alarmer outre mesure en présence de pareilles hypothèses : les lois ne peuvent être bonnes que si elles s'adaptent aux conditions climatériques comme aux nouvelles conditions économiques et sociales.

Tout d'abord avant la loi écrite, nous avons examiné des thèses qui s'affirment : ces thèses cherchent à démontrer l'inutilité ou l'absurdité de certaines lois dans l'ordre social actuel ; elles ont vieilli, dit-on ; elles sont abrogées virtuellement ; puis ces thèses, devant les difficultés sans cesse renaissantes, devant la nécessité la plus obsédante, se transforment enfin en formules législatives : voilà la loi nouvelle adéquate ou paraissant adéquate aux exigences sociales de l'époque.

Il en fut toujours ainsi : dans le monde romain les monuments scientifiques, si consolidés par l'usage qu'ils fussent, disparaissent à l'heure voulue, et l'une des plus remarquables transformations scientifiques fut celle accomplie sous le règne des Antonins, lorsque les juristes de cette époque, soumis à la discipline de la philosophie stoïcienne associée à l'ascétisme oriental, adoptèrent les principes de cette philosophie ainsi combinée, la transportèrent dans la législation romaine et provoquèrent la dissolution de l'ancien ordre juridique ; et nul ne peut douter qu'il y eut alors rénovation et progrès juridique.

Il en fut de même à la Révolution de 1789, et notre droit ancien fut rénové et transformé, et désormais basé sur des principes nouveaux sortis des nécessités économiques et sociales de cette époque, après avoir trouvé leur première expression dans les encyclopédistes du XVIII° siècle.

A notre époque il en est encore de même, il ne peut en être autrement : « *cadum sunt omnia semper* », a dit Lucrèce.

Avant l'époque moderne, nos lois étaient l'œuvre de gens agrégés par une sorte d'affinité intellectuelle et morale qu'ils avaient subie dans une vie passée pour ainsi dire en commun, presque isolée des autres hommes : ils avaient ainsi édifié une philosophie à eux, une morale à eux, basées l'une et l'autre sur des postulats empruntés à cette philosophie ; on les appelait les légistes, avec une certaine tendance à l'absolu, à l'irréel ; les lois étaient souvent disproportionnées en passant dans la vie réelle ordinaire.

Cette disproportion apparaissait surtout dans les lois d'ordre pénal, et à cet égard les justiciables, en souvenir sans doute de la législation romaine qui était variable suivant la qualité des délinquants, suivant qu'ils étaient catalogués (honestiors ou humiliors), étaient souvent l'objet des mesures les plus diverses.

Grâce à cette méthode et grâce à cette règle dominante de la volonté du *Prince*, les lois étaient de circonstance, peut-être plus efficaces pour le *Prince*, mais entièrement moins conformes à la justice.

Aujourd'hui les lois doivent s'adapter au pacte social et au réel de la vie sociale, et la volonté de l'opinion publique, par le fait même qu'elle a par le nombre un caractère universel, ne peut plus avoir d'autres bases que la justice.

Cette adaptation aux faits économiques et au pacte social n'est pas exclusive des conditions de morale dans la confection des lois ; il convient que les lois soient faites par des hommes qui ont acquis une conception vraie de l'ambiance nationale.

Quelle est donc cette première loi morale ? La loi du travail : elle est universelle, elle est de tous les temps, et elle est de toutes les écoles philosophiques ; elle est d'essence humaine, elle *honore l'homme*.

Elle est à son point de départ dans le domaine de l'observation de la vie extérieure, et dans la classification méthodique des sensations, adoptant les sensations bonnes dites sociales, rejetant les sensations mauvaises dites anti-sociales.

Elle aborde ensuite les phénomènes et les opérations multiples de l'intelligence qui prépare et achève toute œuvre scientifique, car telle est la vie supérieure de l'esprit.

Enfin, elle opère la concentration de la mise en action des conquêtes faites dans le monde des sensations et dans le monde de l'esprit par l'effort de la volonté vers le vrai, le bien, le beau dans tous les actes de la vie ; elle repousse tout ce qui est mythe, s'attachant aux idées de dignité personnelle, d'une part, au devoir social de bonté pour les faibles, d'autre part.

Avec cette morale les hommes peuvent faire de bonnes lois.

Or, chaque époque a son atmosphère spéciale, dégage son odeur caractéristique, comme chaque être et chaque fleur.

Chaque époque reflète aussi son caractère moral dans le détail de la mode et de l'habitation, comme dans les manifestations civiques, comme dans les manifestations religieuses et dans les actions militaires.

Dans le monde ancien il y avait une morale, la morale païenne, c'est-à-dire une morale humaine, expressive des sentiments humains, vivante, visant à une *imitation* ou à un rapprochement avec les divinités éparses et représentatives des vertus humaines idéalisées, la divinité de la Sagesse, celle de la Force et du Courage.......

Cette morale a eu une longue durée, parce qu'elle était appropriée aux forces variables de l'être humain, et elle était véritablement appropriée à l'être humain, en exigeant de lui un effort continu, tendant à une évolution vers un idéal, vers quelque chose de surhumain, voisinant pour ainsi dire avec les divinités. Vint ensuite le Christianisme procréant une morale nouvelle; cette morale est plutôt une sorte d'abstraction religieuse, inanimée, cristallisée, idéalisée, d'outre-tombe pour ainsi dire, parce que son idéal se détache dans une vie corpusculaire, loin du sol terrestre, et transporte l'âme humaine dans l'aurore de l'infini.

Si l'homme pratique rigoureusement pareille morale, peut-il être une personne vivante dans la société terrestre, et peut-il prendre une part active à toutes les pensées et à tous les sentiments, à toutes les manifestations de la vie sociale? N'est-il pas enclin à vivre d'une vie plus ascétique, plus idéalisée, et à devenir ainsi le jouet d'une sorte d'incarnation vivante en lui, mais sans lui, sans les autres, et pour ainsi dire redevenir la molécule primitive, sans cohésion, sans extériorisation avec les masses humaines.

Dans sa pureté, la morale chrétienne conduit à la vie irréelle, à la vie contemplative, à la vie spirituelle; pour elle, tout ce qui est humain lui devient indifférent; l'effort de l'homme pour vivre et pour résister à la mort est inutile; et ce qui rattache l'âme au corps n'est qu'une simple et passagère ligature. — Les passions de l'esprit, comme les passions du cœur, ne doivent pas se manifester. La psychologie, la psycho-physiologie ne peuvent être que des sciences terrestres simplement humaines, presque dangereuses, et d'ailleurs inutiles.

Chacune des grandes épopées de notre histoire a d'abord régné en souveraine; puis elle a subi l'influence de nouvelles évolutions et transformations, a cédé la première place à l'idée nouvelle; mais elle a toujours laissé trace de sa survivance; le phénomène de psychologie collective s'est opérée par la tradition, facteur aussi puissant qu'inéluctable de la vie humaine.

La *tradition* est un arome, à la fois étrange et familier, qui se dégage comme d'un coffret ancestral, qui éveille pour le contemporain un monde de faits, de souvenirs, d'échos, éléments constitutifs et conservateurs de notre vie sociale, avec ses couleurs, avec ses empreintes variables et plus ou moins durables.

Il faut vouloir et savoir lire les œuvres des penseurs qui ont gravé les phases de leur existence sociale pour leurs descendants, et de la sorte le contemporain peut avoir pour ainsi dire deux vies.

La vie présente, réelle, tangible, enveloppée de toutes les manifestations de l'ambiance et la vie ancestrale imprimée dans le monde de la pensée comme dans le monde extérieur, sous la forme de suggestions et d'influence condensées par des siècles de civilisation.

Et c'est dans cette condensation des œuvres du passé que nous puisons, tantôt les sources ou de notre développement intellectuel et *rationnel* comme nous le faisons avec les philosophes du xviiie siècle, ou de notre développement intellectuel et *sensible* avec les écrivains du commencement du xixe siècle.

Toujours est-il que nos consciences individuelles se forment à la lumière de nos notions historiques et que bonnes ou mauvaises elles composent la conscience collective qui se manifeste par la voie de l'opinion publique.

L'opinion publique est plus que jamais la reine souveraine du monde, exigeant avec une impassibilité dominatrice et patiente qu'il soit fait droit aux volontés qu'elle a fait siennes et qu'elle sait merveilleusement manifester.

L'histoire de France notamment est riche des manifestations voulues par elle et toujours couronnées de succès.

Notre société d'avant 89, stratifiée par couches, superposées et emprisonnées chacune par ses règlements, armées chacune de ses privilèges, dirigées chacune pas ses anciens, présentait alors une construction sociale bien définie, solidement organisée, ayant à sa base le principe de l'inégalité de ses couches superposées, acceptée et voulue par tous, parce que compensée par les avantages particuliers afférents à chacune d'elles, transmissibles et inchangeables, parce que chaque couche dans sa descendance restait à sa place. Il y avait bien, au-dessous de ces couches ainsi stratifiées pour ainsi dire géométriquement, une masse humaine, mais elle n'était que poussière humaine, impondérable par elle-même, et ne pouvant devenir un élément de force qu'entre les mains d'une puissance déjà organisée et consciente de sa force.

Pour briser cette stratification sociale, il fallait une revolution, parce qu'il fallait proclamer que l'inégalité et l'immutabilité, sur lesquelles reposait l'edifice social, constituait à la base une double violation de la loi naturelle qui veut que tous les hommes soient égaux et libres. La Révolution française proclama l'egalité et la liberté.

L'individu se trouvait ainsi libéré et élevé à la dignité d'homme; mais dans son isolement, quel parti pouvait-il tirer de sa liberté et de sa dignité ainsi proclamées, en un mot de sa souveraineté. Après les vicissitudes il advint qu'un jour il eut le pouvoir de choisir les chefs et les directeurs necessaires à cette société humaine à laquelle il appartenait; lui et les autres déléguèrent leur souveraineté momentanément.

Au lendemain, le souverain s'evanouissait, cette souveraineté se désagrégeait, redevenait poussière impondérable, soumise d'une part aux contingences de la vie reelle, et, d'autre part, au bon vouloir de leurs élus, armés de la puissance publique.

Les contacts nécessaires à la vie sociale se produiront sous une forme ou sous une autre, et qui dit contact prévoit conflit; or, quelle peut être la nature d'un pareil conflit entre cette *personne morale* armée de la puissance publique, et cette personne seule, isolée, lorsqu'elle invoque son droit à l'égalité et à la liberté dont elle se prétend dépouillée?

Il est incontestable que cet individu est d'autant plus impuissant, malgré tout l'appareil de notre troisième pouvoir judiciaire, qu'il est plus faible; il l'a senti, et souvent douloureusement éprouvé. Nos penseurs l'ont ressenti, et conscients de leurs devoirs, ils ont affirmé que l'égalité et la liberté étaient des biens naturels à l'homme; si la Révolution française avait eu la sagesse de les proclamer, il fallait assurer à l'homme, avec d'autant plus de nécessité qu'il était plus faible, tous les moyens légaux pour la défense de son égalité et de sa liberté.

De là le droit d'association devenait le corollaire pratique du droit théorique de l'égalité et de la liberté. L'individu n'étant plus isolé, il pouvait se faire entendre.

Mais s'il était donné ainsi par l'association de faire écouter sa voix, il ne fallait pas que cette voix individuelle, renforcée par celle de ses associés, le fût au point d'être une voix assez puissante pour commander en maîtresse aux délégués de la nation entière.

Les associations doivent, d'après les formes

voulues par les lois, être réglementées par des statuts conformes à ces lois ; or, ces lois doivent être telles que la puissance publique soit obéie par les associations comme elle doit l'être par l'individu ; s'il en était autrement, si les associations étaient armées de droits exorbitants et pouvaient commander au lieu d'obéir, où serait la paix sociale et la sécurité nationale ? La puissance publique serait à la merci d'une catégorie d'individus à l'exclusion des autres catégories d'individus.

Or, toutes ces catégories composent un tout social indivisible. Les uns seraient les serviteurs de la Nation, les autres les usurpateurs et les occupants et, conquérants, ils traiteraient les premiers en vaincus.

Or, une nation ne peut avoir ni vainqueurs, ni vaincus, mais des individus égaux et libres sous l'égide des lois.

Cette limitation donnée au droit d'association porte-elle atteinte à ce droit ? Nul ne le pense, à part les anarchistes qui veulent supprimer la machine « Etat » pour y substituer une autre machine qu'ils appellent « Technique », sorte d'association de producteurs libertaires et égalitaires, fonctionnant avec les règlements de l'atelier, partageant ou échangeant le résultat de leur production respective et abandonnant le surplus aux non producteurs.

A première vue, telle est la vision renversée de

l'état actuel des choses ; d'un côté, les possédants et les exploitants, sinon les propriétaires (quelle ironie !) des terres, des maisons, des usines, des matières premières ; d'un autre côté, les non possédants attendant le superflu de la production.

Telle est la doctrine de l'anarchie...

Pareille activité ne peut être que malsaine, injuste, immorale, et il importe de nous prémunir à jamais contre le poison de cette abominable doctrine.

Aussi plus que jamais nous combattrons cette théorie, plus que jamais nous rechercherons dans la philosophie de l'antiquité gréco-romaine, affinée et parachevée par la philosophie du christianisme, et nous y trouverons les idées de justice, de foi à la parole donnée, de bonté, de douceur et d'harmonie, de dignité et de moralité ; nous les adopterons et les répandrons, pour concourir à la perfectibilité de l'être individuel et de l'être social, en vue de réformer l'éducation générale.

Nous devons donc étudier l'homme tel qu'il est ou peut être, dans notre atmosphère sociale.

Or, quelle est cette atmosphère à l'heure actuelle ?

On a pu dire que la raison suffit ou doit suffire à chacun de nous pour se conduire dans la vie, et l'un des chefs socialistes, E. Jaurès, dès 1893, a proclamé à la Chambre des députés « que le peuple est arraché de plus en plus à la tutelle de l'Eglise et du dogme; que les habitudes qui étaient pour quelques-uns un calmant, une consolation étaient désormais rompues; que la vieille chanson qui berçait la misère humaine était interrompue et que cette misère humaine s'était réveillée avec des cris, qu'elle se dressait, qu'elle demandait sa place, sa large place au soleil »; nous n'hésitons pas à conclure : « Et ce sera justice, car tout être humain a droit à la vie ».

Mais tout être humain qui veut vivre sa vie normale doit obéir aux deux grandes lois qui commandent à la vie, lois qui ne peuvent être transgressées impunément.

Ces deux lois sont : la première, la loi du travail; la deuxième, la loi d'amour.

Quiconque transgresse la première de ces lois se met hors la société humaine, finit dans le désordre et meurt misérablement.

Quiconque viole la seconde de ces lois cesse d'appartenir à l'humanité, qui nous offre inlassablement l'exemple de deux êtres qui se donnent l'un à l'autre, des parents qui peinent pour leurs enfants, d'autres qui se consacrent à la patrie, à la science, au soulagement de la souffrance.

Il n'en est pas ainsi toujours et partout; cela est dû à l'infirmité humaine qui ne sait pas s'en accommoder; cependant l'humanité reste vaillante, généreuse, elle vit et travaille avec courage, elle meurt sans effroi.

Or, ce sont ces sentiments qu'il faut réveiller;

c'est le feu sacré qui anime l'être humain qu'il faut entretenir.

Le peuple, notre souverain, dans une démocratie, doit mériter la souveraineté ; le souverain doit, pour justifier son pouvoir, obéir à ces deux grandes lois sociales, la loi du travail et la loi d'amour.

Il doit accomplir ces deux grands devoirs qui sont la marque irréductible de sa supériorité dans le monde organisé.

Et pour cela, il doit connaître sa nature, c'est-à-dire le fonctionnement et les relations de son organisme physiologique et psychique, les répercussions qui se produisent dans le monde extérieur et dans son for intérieur ; en un mot, il doit apprendre à sentir, à penser, à vouloir ; savoir d'abord où est le droit et le devoir, et enfin vouloir exercer l'un et remplir l'autre.

Il faut ensuite étudier l'histoire des mouvements évolutifs de l'humanité qui crée la vie, les idées qui en découlent, le langage et la logique qui en sont l'expression, la conservation et la transmission.

Telle est, en effet, la vraie science, celle qui peut s'apprendre et, par suite, s'enseigner ; il importe que des principes sur la conduite à suivre dans la vie nous soient enseignés pour fortifier notre naturel au cours de la lutte vitale, pour lever nos incertitudes et nous démontrer là où sont le bien, le juste, le beau, le vrai dans tous les actes de la vie.

Enseigner à chacun ces principes est indispensable dans une nation, dont la destinée collective dépend de l'état moral individuel des associés.

N'oublions jamais, en effet, que la responsabilité doit exister aussi bien pour les collectivités que pour les individus.

Sous l'empire de ces quelques considérations, nous avons cédé au désir de nous livrer dans les différentes branches de l'activité humaine, à une étude sommaire des divers mouvements de l'âme humaine qui donnent à cette activité son véritable caractère.

En première ligne, nous étudions nos trois tendances ou facultés de l'âme — la sensibilité — l'intelligence — la volonté — ce sera l'étude de la psychologie.

En seconde ligne, nous examinerons le mécanisme indispensable pour l'exercice de nos facultés ou tendances ; cet examen comporte l'étude des idées, du langage, des méthodes, des certitudes, ce sera l'étude de la logique.

Nous arrivons, en troisième analyse, à pouvoir affirmer quelles sont les bases de notre conduite dans la vie, ce sera l'étude de la morale, d'abord chez l'individu, puis chez l'être social.

Nous aurons ainsi fixé, dans chaque branche de l'activité vitale, les mouvements légitimes de l'âme dans l'exercice des droits et des devoirs de l'homme civilisé.

PSYCHOLOGIE

I. — L'Esprit humain.

II. — La Sensibilité.

III. — L'Intelligence.

IV. — La Volonté.

PSYCHOLOGIE

> Je pense, donc je suis.
> DESCARTES.

I. — L'Esprit humain

Instrument de nos sentiments, de nos pensées, de nos actes, l'esprit humain fixe d'abord notre attention.

Etudier les facultés au moyen desquelles il est en relations avec le monde visible et un monde invisible d'idées et de vérités ; — montrer les rapports intimes qui unissent ces différentes facultés *dans une même unité* ; — observer ensuite chaque faculté dans sa nature, sa fonction, son développement, et ramener à ces causes les phénomènes divers qu'elle produit ; — telle est la marche que nous devons suivre pour étudier et connaître les facultés de notre âme : sensibilité — intelligence — volonté. Et c'est par l'effet qu'elle produit en nous que nous remontons à elle comme cause ou sujet de toutes nos modifications et transformations, de toutes nos actions ou réactions.

Il y a dans la nature deux grands ordres de

phénomènes ; les uns sont accessibles aux différents sens que chacun connaît ; ce sont les phénomènes physiques, sensibles, matériels.

Il en est d'autres que les sens extérieurs ne peuvent en aucune façon percevoir ; tels sont un plaisir, une douleur, une détermination. Ces faits appartiennent à l'âme, et c'est en se repliant sur elle-même qu'elle en prend connaissance : on les nomme phénomènes internes, psychiques, supra-sensibles, et cette faculté qu'a l'âme de se connaître prend le nom de conscience ou sens intime : c'est au sens intime que nous devons de savoir tout ce qui se passe en nous.

D'autre part, la conscience procure à chacun de nous des jugements communs sur certaines données de la vie, notamment le jugement que nous portons les uns et les autres sur notre *liberté*, laquelle est une donnée — essentielle — de notre existence. Or, ce jugement commun à chacun de nous, par le fait de son unanimité, forme le *sens commun* qui se manifeste dans un accord de tous les langages.

Le sens intime, et le sens commun, tels sont les deux grands témoins que doit consulter le psychologue pour arriver à connaître la nature de l'homme.

Les faits qui s'accomplissent dans l'esprit humain sont si nombreux et si variés que l'observation la plus attentive ne réussirait pas à les étudier tous, et que la mémoire succomberait sous le poids d'un pareil travail ; mais on remarque que, malgré leurs variétés, ces faits présentent entre eux certaines ressemblances. Partant de là, la méthode classe sous différentes espèces tous les faits qui offrent des caractères communs ; ce procédé, appliqué aux choses de l'esprit humain, nous permet de présenter le classement suivant :

Certains phénomènes se présentent en nous sans notre appel ; ils sont le résultat fatal de notre organisme. Ordinairement, ils sont accompagnés d'une certaine expansion ou d'une certaine contraction de l'âme qui s'appelle le plaisir ou la douleur ; ils se présentent à différents degrés chez les individus ; ils varient même chez chacun selon les différentes influences de l'âge, du tempérament, du climat... Tous ces phénomènes, qui ont pour effet d'émouvoir l'âme et de produire en elle des sensations, des sentiments, sont qualifiés de faits *sensibles*.

Mais l'âme humaine ne subit pas toujours ainsi d'une manière fatale les modifications qui se passent en elle : elle prend possession d'elle-même. Tantôt appliquant les sens et la réflexion aux phénomènes du monde extérieur, elle s'élève de la connaissance des faits à l'intelligence des lois qui les gouvernent. Tantôt se repliant sur elle-même, elle observe la nature, elle prend connaissance de ses actes, elle les explique. Toutes les idées qu'elle acquiert par le travail, elle a en elle-même le pouvoir de les conserver; bien plus, elle les reproduit, et les combinant d'après de nouveaux rapports, elle crée des êtres imaginaires. Tous ces phénomènes, idées, jugements, raisonnement, mémoire, imagination..., mettent en jeu l'activité de l'âme et la puissance qu'elle a de se connaître, d'expliquer et de savoir : ce sont des faits *intellectuels*.

Enfin, il est des cas où l'âme dispose à son gré d'elle-même, où, sans que rien puisse lui apporter obstacle, elle se résout, se détermine; alors la puissance qui se révèle en elle est le plus haut degré d'être qu'elle ait reçu; ce sont des faits *volontaires*.

Et de même que tout phénomène nous élève à l'idée de *cause*, ces trois ordres de faits nous élèvent à trois facultés fondamentales dans l'esprit humain : la sensibilité, l'entendement, la volonté.

Ces trois manifestations de l'âme restent les attributs d'une seule et même substance; il n'y a pas en nous un sujet qui *sente*, un autre qui comprend, un autre qui agisse : l'âme est le fond commun de tous les phénomènes.

Toutes ces propriétés, qui constituent le principe vital, sont plutôt des tendances que des états. L'idée humaine est un composé de tendances, et la vie, perpétuel mouvement, comporte des tendances antagonistes; ainsi, la tendance à s'individuer est combattue par la tendance à se reproduire, c'est-à-dire à détacher un fragment de son organisme pour constituer un organisme nouveau.

L'homme doit combiner toutes ces tendances pour maintenir l'indivisibilité de son principe vital, qui doit rester son principe directeur, puisqu'il est le mouvement même.

Il s'agit pour le principe vital d'une série d'adaptations aux forces extérieures, car l'homme vit au milieu d'un monde organisé, et il faut laisser la part à l'accident, au hasard, car tout n'est pas cohérent dans la nature.

La vie idéale seule serait une vie toujours en marche et toujours en équilibre : la vie réelle, en raison même de ses tendances antagonistes, ne peut viser qu'à obtenir un coefficient pouvant servir de base scientifique à nos tendances contradictoires, et nos facultés doivent y pourvoir.

Il est certain que la sensibilité, l'entendement, la volonté ne sont jamais isolées ; le fait le plus simple les met toutes les trois en évidence, et bien que tantôt le sentiment, tantôt la pensée, tantôt la volonté l'emporte, il n'est pas de circonstance de la vie où l'âme ne sente, ne connaisse, et n'agisse tout à la fois.

Ces trois facultés ont cependant des caractères qui les diversifient et des manifestations qui les extériorisent différemment.

Ainsi notre sensibilité, si elle nous apparaît créatrice, elle nous apparaît aussi dépendante de la sensibilité des autres, et pouvant subir des variantes sous cette influence.

Ainsi notre intelligence est sujette à varier sous l'influence des autres intelligences qui nous ont précédées ou qui sont nos contemporaines.

Ces deux facultés ont un caractère commun dans leurs opérations, lequel présente toujours un caractère et un but *intéressé*.

Elles diffèrent en cela de la volonté, faculté personnelle par excellence, indépendante de toute intervention, proclamant notre liberté individuelle, et faculté désintéressée et couronnement de notre supériorité intellectuelle et morale.

Mais ces trois facultés, dissociées dans le mouvement, présentant des tendances diverses, demeurent indivisibles pour la conservation du principe vital.

De là résulte la mutuelle dépendance et l'action réciproque de nos facultés : la sensibilité modifie de mille manières l'intelligence qui la modifie à son tour, et toutes deux pressent la volonté qui réagit sur elles et tantôt les comprime, et tantôt les développe.

Toutefois, bien que liées ensemble par des rapports intimes, elles ne peuvent être confondues, et elles offrent encore d'autres caractères différents qui doivent être étudiés.

Sentir n'est pas *connaître* : pour s'en convaincre il suffit d'observer l'homme dans ses moments où la sensibilité est la plus exercée, dans le délire de la passion; l'esprit semble avoir perdu toute connaissance, même celle de lui-même.

La sensibilité est la faculté d'agir sans réflexion; au naturel, elle produit l'action réflexe; au surnaturel, elle est l'action nerveuse avec son point culminant au cerveau; dans ces deux cas, l'action est inconsciente aussi bien dans le monde réel que dans le monde irréel.

Sentir ou penser ne dépend pas de nous seuls : — qui pourrait concevoir que tous les rayons du cercle ne sont pas égaux, ou bien que la vertu est blâmable ou le vice honoré.

La volonté n'est pas moins distincte; l'homme a toujours le pouvoir d'agir ou de réagir. Aussi est-elle seule la faculté *désintéressée*, alors que sentir ou connaître a toujours un objectif *intéressé*, car nous sentons ou nous connaissons pour tirer un profit quelconque.

Si nos trois facultés naissent en même temps, elles se développent inégalement, et cette inégalité de développement détermine leur rang. La sensibilité domine dans le premier âge, l'intelligence dans la jeunesse, la volonté dans l'âge mûr.

II. — La Sensibilité

La sensibilité est la faculté à laquelle se rapportent nos plaisirs et nos peines, nos désirs, l'amour et la haine et tous les sentiments qui leur ressemblent. Son rôle est très varié et très important ; elle est l'élément dominant au début de l'existence.

Cette faculté est la condition imposée au développement de connaître dans l'ordre des choses sensibles ; elle provoque l'*intelligence* et l'avertit de la présence des causes extérieures qui exercent leur action sur nous, ou menacent notre organisme. Elle est comme une sentinelle placée entre le monde physique et l'âme associée aux organes du corps : messagère rapide, elle annonce ce qui se passe au dehors et devance la réflexion trop lente à nous faire exécuter les actes nécessaires à notre conservation.

Par ses penchants et par ses passions, la sensibilité remplit une autre fonction, c'est de fournir à la *volonté* des mobiles qui influent sur nos déterminations ; mais il importe que nos passions soient éclairées et réglées, et c'est notre intelligence qui réagit sur nos sensations, influant sur elles d'après son degré de *puissance* et d'*activité*, et qui les règle.

Nos sensations peuvent devenir ainsi les auxiliaires de la raison, et le mobile de toutes les grandes actions : leur antagonisme primitif avec la raison donne naissance à une lutte glorieuse dans le monde supérieur de la liberté humaine où s'enfante la vertu et où se crée la personnalité ; la sensibilité crée, elle est la faculté créatrice.

Si nous éprouvons du plaisir à goûter un bon fruit, nous en éprouvons un autre après la solution d'une question difficile ; — une autre encore en présence d'une bonne action accomplie par nous-même ou par nos semblables. Notre sensibilité peut donc être mise en mouvement par un fait matériel, ou par l'exercice de notre intelligence, ou par un acte de libre volonté ; ces divergences créent une triple distinction, et une division de la sensibilité en trois ordres.

SENSATIONS OU SENSIBILITÉ PHYSIQUE

Les rapports de la physiologie avec l'étude contemplative de l'âme nous apparaissent, et il nous est permis de les constater et de les vérifier.

Que se passe-t-il dans le corps humain toutes les fois qu'il a contact entre l'un quelconque des organes de nos sens et un objet extérieur ? La science nous indique d'abord un changement survenu dans la partie de l'organe touché, c'est l'*impression organique*. Cette première modification du corps se transmet tout le long des nerfs, c'est la série des *impressions nerveuses*. Elle arrive enfin au cerveau et s'y arrête, c'est l'*impression cérébrale* ; tous ces faits sont physiologiques.

Lorsque l'impression est arrivée à son terme, l'âme éprouve le plus souvent une modification ; c'est ce changement d'état ou plutôt cette tendance vitale déterminée par les impressions survenues dans ce corps que l'on appelle la *sensation* : la sensation a donc une force créatrice.

On ne saurait confondre la *sensation* avec les faits qui la précèdent ; ceux-ci s'accomplissent dans la partie matérielle de nous-même ; ils nous sont attestés par l'observation physique, ce sont des phénomènes d'ordre physiologique.

La *sensation*, au contraire, est un fait de l'âme dont la conscience ou le sens intime seul nous avertit. Sans doute ce fait spirituel *succède* immédiatement au phénomène physiologique.

Comment ? Nous ne le savons pas ; mystère ou mysticisme, nous ne pouvons dire qu'une chose, c'est le résultat de l'union parfaite entre les deux substances, la substance matérielle et la substance immatérielle.

Ainsi, que la *sensation* soit naturelle ou artificielle, qu'elle soit périodique ou accidentelle, interne ou externe, la *sensation* produit habituellement sur l'âme un de ces deux effets ; elle l'épanouit, la dilate en quelque sorte, et cette disposition de l'âme, c'est le plaisir ; — ou bien parce qu'elle est hostile à l'organisation du corps, elle produit dans l'âme une sorte de contraction, de resserrement, et cette disposition de l'âme, c'est la peine.

Toute *sensation* est accompagnée de l'une ou l'autre de ces dispositions ou tendances. Y a-t-il des sensations indifférentes ? Qu'importe, car nous ne voyons pas intérêt à le savoir, puisque dans ce cas il n'y a pas de tendances.

Mais là ne se borne pas le domaine de la *sensibilité* physique. Quand elle se trouve en présence d'un objet qui la flatte, elle se sent entraînée à l'action pour le retenir près d'elle; et elle éprouve un entraînement en sens contraire quand il s'agit d'une chose qui lui répugne ou qui menace la sécurité du corps. Cette tendance à agir ou à réagir est ce que l'on nomme le *désir*. Le *désir* est toujours ainsi une sensation physique, par là même intéressée, comme nous l'avons déjà constaté.

SENTIMENTS OU ÉMOTIONS INTELLECTUELLES
SENSIBILITÉ INTELLECTUELLE

Ce n'est pas seulement à l'occasion des causes extérieures que l'âme éprouve des plaisirs et des peines; elle en ressent aussi dans certaines tendances intellectuelles, et ces sentiments nous les appellerons *émotions intellectuelles*, bien que ce mot puisse paraître arbitrairement choisi.

Ces sentiments intellectuels sont nombreux et variés; en voici quelques-uns qui nous paraissent les plus importants. Qui de nous n'a éprouvé bien des fois que la connaissance de certaines choses lui est agréable par elle-même, que l'ignorance, au contraire, est toujours pénible. Qui de nous ne se sent heureux lorsqu'il se trouve en possession de la vérité, et ne souffre, au contraire, lorsqu'il se reconnaît dans l'erreur. Nous éprouvons des sentiments analogues à l'égard de nos semblables ; ceux qui nous paraissent savants obtiennent nos éloges et notre admiration ; les autres, qui sont les jouets de l'envie ou de l'ignorance, nous font peine à voir ou nous laissent indifférents.

Nous donnerons à ces sentiments le nom d'*émotions scientifiques*.

On comprend, d'ailleurs, que ces plaisirs de l'âme varient comme l'objet de nos études et de nos aptitudes : il est un plaisir pour le poète, pour l'historien, pour le philosophe, pour celui qui pense...

Et encore, qui de nous n'a éprouvé une *émotion* agréable à l'aspect d'un objet où il connaît ce caractère particulier que nous appelons *beauté*, une émotion contraire en présence de la laideur ? Ces sentiments ont aussi leurs degrés de vivacité pour atteindre le point culminant dans l'âme des grands artistes : telles sont les *émotions esthétiques*.

A la pensée de questions comme celles-ci : « D'où venons-nous ? — Où allons-nous ? », nous éprouvons une émotion particulière qui pénètre et qui soulève dans notre âme comme un souffle de l'Infini, de l'Inconnu, de l'Inconnaissable. Ces tendances incommensurables, où nous entrevoyons l'Infini par rapport à la terre, l'Eternel par rapport au temps, nous pénètrent d'un sentiment profond en nous dévoilant les grandes scènes de la nature et en nous montrant le *fini* de notre organisme et les limites de notre sphère intellectuelle. Et à tous ces sentiments intellectuels correspondent des plaisirs et des peines intellectuels, des désirs intellectuels variés et nombreux comme les sentiments eux-mêmes, présentant les mêmes caractères et les mêmes degrés. C'est cet ensemble de faits qui constituent la *sensibilité intellectuelle*.

SENTIMENTS MORAUX ET AFFECTIONS
SENSIBILITÉ MORALE

A cette troisième forme de la sensibilité se rattachent deux grands ordres de phénomènes, les *sentiments moraux* proprement dits et les *affections*.

Quand nous avons bien agi, c'est-à dire observé la loi morale, un sentiment agréable naît en notre âme; au contraire, si nous avon étés infidèles à cette loi, nous éprouvons un sentiment pénible; notre conscience ou sens intime nous fait de cruels reproches; il y a chez nous remords. Pareillement si nous voyons un agent externe faire le mal, nous sommes péniblement impressionnés, comme à la vue du bien nous le sommes agréablement; au premier cas, nous éprouvons tous les degrés de la sympathie; au second cas, nous allons de la douleur ou du dédain jusqu'à l'aversion et à l'indignation la plus profonde.

Ces sentiments que nous éprouvons dans ces différentes circonstances, qui se produisent en nous, sont causés par un agent libre ; nous les appelons les *sentiments moraux* !

Tout homme vivant au milieu de ses semblables sait par sa propre expérience qu'il éprouve tantôt de l'attrait pour certaines personnes, tantôt de l'aversion pour certaines autres ; ces tendances de l'esprit sont ce qu'on nomme *affections*. Or, dans les affections qui sont un sentiment d'attrait pour nos semblables, il est évident, d'après le nom seul, que nous sommes disposés à lui faire du bien, à nous rapprocher d'eux pour vivre en société ; — d'où vient qu'on les appelle *affections* bienveillantes ou sociales. Au contraire, l'aversion nous pousse à leur faire du mal, tout au moins à nous éloigner de nos semblables ; on les dit *affections* malveillantes ou insociales.

Tous ces faits, comme toute sensation ou émotion qui nous révèle les peines et les plaisirs du cœur, ou des désirs du même nom, constituent la *sensibilité morale*.

CARACTÈRES GÉNÉRAUX DE LA SENSIBILITÉ

Tous les faits semblables, sensations ou émotions, se produisent en nous d'une manière fatale ;

l'âme ne les fait pas, elle les subit ; en un mot, l'âme est *passive*.

La sensibilité ne se présente pas au même degré chez les divers individus ; elle varie chez le même sujet sous l'influence des diverses circonstances, et l'habitude qui développe l'intelligence et la fortifie, comme elle donne à la volonté plus d'énergie, produit ordinairement sur la sensibilité un effet contraire.

La sensibilité n'a d'autre objet que le bien-être ; l'intelligence peut poursuivre la recherche de la vérité avec désintéressement ; la volonté se dirige vers le bien ou sous la condition possible d'un sacrifice.

Si tout acte d'intelligence suppose un sujet connaissant et un objet connu ; — si toute détermination volontaire suppose un sujet qui veut et une chose voulue, — le fait sensible ne nous semble à nous-même qu'une tendance, la sensation d'un plaisir ou d'une peine ; et si nous parvenons à connaître l'objet qui en est l'occasion, sa nature et ses propriétés, ce sera toujours par le secours de l'intelligence : si l'intelligence n'intervient pas, notre sensibilité reste sans objet, notre âme reste donc passive.

III. — L'Intelligence

Si l'intelligence donne naissance à *l'idée* qui permet d'adapter et de diriger le sentiment, il apparaît que toute création de vie et toute activité vitale prennent naissance dans le sentiment; qu'ainsi l'*intuition* vers une tendance quelconque est bien l'organe créateur du principe vital; mais c'est bien par l'intelligence et par l'idée que se développe ce principe vital. Ainsi se constitue pour chacun de nous le *processus vital*, c'est-à-dire l'ardeur nécessaire à tout être vivant. Ainsi la vie éveille chez chacun de nous tantôt un intérêt particulier, tantôt un intérêt général qui devient ainsi le mobile de toute existence, soit individuelle, soit sociale.

L'intuition et l'intelligence sont deux forces diverses de notre activité psychique avec deux méthodes différentes et avec deux tendances divergentes pour solutionner le problème vital.

L'acte intuitif, en effet, est automatique. L'acte intelligent témoigne d'une pensée *de fabrication* (*homo faber est... homo sapiens*), d'où inférence inéluctable du passé par la *tradition*, et addition inévitable du sens commun au sens intime.

L'intelligence recherche, décompose et recompose; elle est servie par l'effort individuel et aussi par les résultats acquis par l'intelligence des autres hommes : c'est par *le langage* que se transmet cette action commune grâce à la mobilité des mots qui va des choses aux idées.

L'intelligence conduit à la distinction, à la clarté, à une sorte de logique naturelle, et si son pouvoir est absolu dans le monde inorganisé, que peut être son influence dans le monde organisé et vivant, car il est inadmissible qu'elle ne puisse pas avoir son rôle dans la compréhension des actes de la vie.

En étudiant la sensibilité sous toutes ses formes, nous avons voulu analyser les faits instinctifs, accessibles à notre esprit, car pour nous l'intuition crée quelque chose, elle n'est pas un mystère insondable.

En étudiant l'intelligence nous allons analyser les opérations intellectuelles qui la constituent, toutes accessibles à notre esprit, toutes collaboratrices et co-opératrices pour découvrir le secret des diverses tendances de la vie au cours de leur desagrégation comme au cours de leur agrégation. Nous verrons dans le mode de classification des diverses opérations intellectuelles la justification de cette affirmation que l'intelligence seule est lumineuse et logique, alors que l'intuition, sorte de faculté esthétique et de puissance créatrice, reste indéterminée et vague.

Nous justifierons ainsi que les deux facultés ou tendances, sensibilité et intelligence, se dédoublent ou se pénètrent l'une l'autre, évolutionnent séparément ou ensemble et aboutissent à l'acte final et conscient de la vie, affirmant ainsi la solidarité ou l'interdépendance entre le sentiment et le cerveau, entre le problème scientifique et le problème métaphysique, entre la science et la morale qui sont inséparables.

Au fur et à mesure que l'étude des diverses modalités de l'intelligence sera transcrite ici, il apparaîtra de plus en plus que la conscience ne peut vivre que des phénomènes de l'intuition et de l'intelligence ; la conscience, libérée des projections virtuelles de l'intuition, éclairée par les lumières de l'intelligence, se ressaisit, se dégage pour ainsi dire du fait en lui-même, reconstitue le véritable *processus* de la vie ; et les deux courants de la vie se réunissent et coulent dans le même sens vers la solution la meilleure que doit affirmer et réaliser notre volonté.

Du *connu* nous passons à un *inconnu*, et nous cédons par accoutumance au fluide impondérable de nos deux facultés ou de nos deux tendances, la première créatrice, la seconde directrice de notre processus vital.

Nous pouvons maintenant définir l'intelligence : l'entendement ou intelligence est la faculté que l'âme possède de se connaître elle-même et de connaître ce qui n'est pas elle.

L'âme connaît le monde extérieur matériel par ses sens, notre sensibilité se manifeste avec ou sans intelligence, avec ou sans volonté.

L'âme se connaît elle-même dans l'ordre des réalités par la conscience, sens intime et sens commun.

Enfin, par la coopération de l'intelligence et de la volonté, ces deux facultés jumelles, l'âme s'élève à des idées supérieures ayant leur source dans un monde idéal et dès lors exclusif de toute expérience et pour ainsi dire irréel.

Tels sont les trois ordres de choses qui intéressent le développement physique, intellectuel et moral de l'être humain.

Le rôle de notre intelligence est d'une activité dévorante, tant ses modalités sont nombreuses et variées. Ainsi, elle s'empare des données premières que lui fournit l'expérience ; elle s'y applique, les compare, les unit, et elle en déduit à l'aide d'une opération plus complexe des connaissances nouvelles ; puis ces connaissances une fois acquises, elle les place en dépôt dans la mémoire qui les conserve et les rappelle ; elle les associe diversement ; elle les combine imaginativement dans ses rapports nouveaux, et forme un monde idéal qui répond plus ou moins au type de la perfection dans le vrai, le bien, le beau.

Telles sont les principales opérations qui composent l'analyse de l'entendement humain.

L'ATTENTION

L'attention est l'opération par laquelle l'homme dirige son esprit vers un objet et l'y tient attaché ;

il y a là concours de la faculté de connaître et de la faculté de vouloir. C'est bien là une tendance, un effort de l'esprit qui se porte vers un objet particulier.

Le sens intime de chacun de nous atteste l'existence des faits d'attention, et les procédés employés par l'esprit pour connaître les objets consistent dans l'analyse ou étude successive des parties d'un tout, et dans l'abstraction ou distraction des qualités ou attributs de l'objet pour les étudier séparément. Ainsi se forme l'idée de pesanteur, de couleur, de saveur... dans le monde réel, — l'idée d'activité intellectuelle et morale dans le monde irréel.

L'attention est à proprement parler la source vitale de l'intelligence; c'est par elle que nous saisissons distinctement l'etat de nos tendances, et que notre pensée opère sa main-mise sur le monde extérieur.

Aussi ses effets, au nombre de trois principaux, sont-ils de la plus grande importance; elle accroît l'énergie de l'impression produite sur nous par les objets considérés; — elle substitue aux synthèses que nous offre la nature des connaissances analytiques, simples, distinctes, claires, et nous permettant de démêler une foule d'attributs qui nous échappent à première vue; — elle est le premier facteur de la mémoire, et la condition indispensable du souvenir.

LA COMPARAISON

La comparaison est l'opération par laquelle l'esprit compare deux ou plusieurs objets pour en déterminer la ressemblance ou la différence; elle n'est, à vrai dire, que l'attention se portant sur plusieurs points, et quelquefois elle porte le nom de « double attention ».

Elle force notre esprit à se concentrer d'abord et successivement sur un seul objet et même sur une seule de ses parties pour en acquérir une notion distincte, puis à rapprocher ces connaissances diverses acquises, à les comparer afin d'en saisir les rapports. Au contraire de l'attention qui a dans son domaine l'analyse, elle a pour but principal la synthèse pour généraliser et pour rendre les services suivants :

Elle fait mieux connaître les objets qui s'éclairent l'un l'autre par le contraste ou la ressemblance; — elle est l'antécédent nécessaire d'un grand nombre d'affirmations sur un objet, son essence, son attribut; — elle permet et facilite la classification des objets en faisant ressortir la ressemblance ou la différence entre les objets à classer; — elle donne naissance à nos idées de rapport entre les gens et les choses, et de là sont venus dans notre langue nos comparatifs et nos substantifs abstraits.

LE JUGEMENT

A la suite de ces deux premières opérations, attention et comparaison, surgit dans notre esprit un jugement, une affirmation à savoir qu'un objet est ou n'est pas, qu'il est ou non d'une certaine manière.

Le caractère essentiel et distinctif de cette opération c'est l'affirmation ; le mot qui constitue l'affirmation, le mot sans lequel elle ne serait pas, c'est le verbe « être » que l'analyse retrouve dans toute proposition, et si parfois la proposition revêt la forme négative, c'est faute d'un mot propre à exprimer la même qualité sous une forme affirmative : nier une chose c'est toujours affirmer le contraire.

Le jugement est un acte solidaire de l'esprit, l'acte intellectuel par excellence ; son expression n'est point essentielle ; il peut n'être que tacite. Il faut, en effet, se garder de confondre le jugement en soi avec la proposition qui le formule ; le premier est l'acte intellectuel, la deuxième n'est qu'une forme, une enveloppe extérieure ; aussi il est important de distinguer le jugement spontané et primitif du jugement ultérieur, fruit de l'analyse et de l'abstraction, tel que nous l'offre la proposition ; nous le retrouverons et l'étudierons au livre de « la Logique ».

Le jugement reste donc la véritable opération

de l'intelligence ; il n'y a ni activité du sens intime, ni perception extérieure, *sans une affirmation*, et c'est sous cette forme qu'elle embrasse à la fois dans un acte de l'esprit le sujet, l'attribut et le rapport ; ce n'est que plus tard que l'esprit sépare, pour les réunir ensuite, les parties intégrantes de la pensée totale, et la pensée trouve alors sa forme dans la proposition.

Au point de vue de l'objet, le jugement se subdivise en deux classes : le jugement d'existence ou jugement substantif, affirmant simplement l'existence ou la non existence, exemple : « je suis » ; — et le jugement de qualités ou attributif, affirmant la convenance ou la disconvenance d'un sujet par rapport à une qualité, exemple : « l'homme est mortel ».

LE RAISONNEMENT

Lorsque nous obtenons la connaissance des objets par le jeu normal de nos facultés, la sensibilité et l'intelligence envisagées dans la sphère primitive de ses deux premières tendances, « *attention* et *comparaison* », le jugement qui se produit est *intuitif* : le nombre de ces opérations si faciles est fort restreint.

Le plus souvent il faut faire appel à une opération plus complexe qui consiste à tirer d'un jugement un autre jugement et cela au moyen d'un troisième jugement qui nous montre les rapports qui existent entre eux ; le jugement obtenu est un jugement déduit, médiat, et l'opération qui a servi à le former s'appelle « raisonnement ». Au titre de « la Logique » nous analyserons les formes du raisonnement; cependant nous croyons utile de présenter ici quelques réflexions sur cette faculté ou tendance au raisonnement que notre esprit possède si heureusement pour son développement.

L'intelligence de l'homme doit beaucoup au raisonnement; tantôt avec la rigueur scientifique, tantôt sous une apparence littéraire, l'esprit s'enrichit de jugements déduits qui s'ajoutent aux jugements spontanés, et s'élève ainsi de la connaissance des phénomènes à celle des lois qui les gouvernent, de la perception des êtres à la conception des principes de leur existence.

Le raisonnement élargit donc notre horizon, puise ses ressources dans le passé, trace des plans pour l'avenir. Il est indispensable pour toute démonstration, qu'il s'agisse de sciences exactes ou de science morale, car il est évident que l'esprit n'atteint pas la vérité d'une manière immédiate et directe. Ainsi toutes les sciences découlent de l'intelligence *finie* de l'homme, accusant d'une part sa faiblesse et révélant d'autre part ses prérogatives.

Telles sont les facultés ou tendances initiales, primordiales de l'intelligence ; l'esprit possède encore des prérogatives puissantes dans leurs effets bien que de second plan en apparence, car elles complètent, activent et élargissent les premières; ces prévoyances consistent dans la mémoire, l'association des idées, l'imagination.

LA MÉMOIRE

Il se passe à chaque instant dans l'esprit un phénomène mystérieux et frappant; une idée qui a frappé notre intelligence il y a plusieurs années se représente à nous tout à coup, et nous l'accueillons comme une connaissance familière. Où était cette idée? Dans quel repli de l'âme s'était-elle cachée? Comment se fait-il qu'elle renaisse, qu'elle revive subitement? C'est un fait aussi inexplicable qu'il est incontestable. On peut dire les conditions qui favorisent cette reproduction; mais le comment reste un mystère, et il faut bien l'accepter tel; quoi qu'il en soit, ce phénomène de l'intelligence est ce que nous appelons le souvenir, et la faculté qui nous le donne se nomme la mémoire.

Trois faits ou plutôt trois degrés d'un même fait sont à remarquer dans cette faculté. Il est certains cas où nous avons conscience de connaître un nom, une date, un fait, et cependant nous ne pouvons le dire; nos conversations sont souvent interrompues par des altérations de ce genre. C'est un simple fait de conservation, et quand il se produit seul, il est sans résultat.

Parfois aussi une idée, un mot heureux, une

phrase expressive se représentent à nous, et nous l'exprimons avec une satisfaction d'amour-propre qui indique assez que nous nous en croyons l'auteur; cependant, ce n'est que le fait de nos lectures, la pensée d'autrui que nous avons fait nôtre. De là une série d'innocents plagiats qui nous ont valu des désillusions; ce second phénomène se nomme une réminiscence, ce n'est pas encore le souvenir.

Le phénomène complet de la mémoire, le souvenir, exige que le fait interne qui se produit s'était déjà produit, c'est-à-dire une véritable affirmation tacite par laquelle l'esprit prononce qu'une idée s'est déjà présentée à lui.

La matière du souvenir est donc toujours une perception antérieure qui se réveille dans l'esprit sans avoir besoin que l'objet qui l'a provoquée primitivement soit de nouveau présent; aussi a-t-on pu dire que l'on ne se souvient à proprement parler que de soi-même; ainsi la mémoire n'est pas créatrice d'idées, mais simplement conservatrice d'idées.

La mémoire, comme toutes les opérations de l'entendement, présente le double caractère de spontanéité et de réflexion; mais ici cette distinction apparaît plus frappante. Ainsi, d'une part, l'expérience journalière nous montre que nous nous souvenons *sans le vouloir*; une idée importune se présente, nous voulons la chasser, mais c'est en vain.

D'autre part, ce n'est que par la réflexion et par l'étude que nous retrouvons le souvenir qui nous fuit; quelquefois nous réussissons dans l'entreprise; parfois nous évoquons en vain ce souvenir capricieux, lequel bientôt après se présentera sans notre appel.

L'importance de la mémoire n'a pas besoin de longs développements. Que deviendrait la pensée si chacun de ses produits se replongeait dans le néant aussitôt qu'il en serait sorti? Que serait l'existence, si réduite à l'instant rapide qui constitue le présent, elle n'avait plus le flambeau du passé pour éclairer l'avenir? Sans la mémoire, il n'y a plus moyen de s'instruire? Tout effort est infructueux; l'homme n'instruit pas l'homme! le siècle ne parle plus au siècle.

Il serait bien avantageux pour l'homme de connaître les moyens de perfectionner cette faculté jusqu'à la rendre infaillible; au moins il peut ajouter à la précision, à l'exactitude et à la clarté de ses souvenirs par l'attention qui plus ou moins énergique, grave plus ou moins profondément les idées dans la mémoire, par l'ordre qui les classe et les dispose méthodiquement, par la simplification qui ramène le multiple à l'unité et les individus à leurs genres.

L'ASSOCIATION DES IDÉES

Tous les jours, dans le cours ordinaire de la vie aussi bien que dans le cours de nos opérations intellectuelles, nos idées se lient et s'enchaînent en vertu de certains rapports, de telle sorte que l'une d'elles venant à se montrer, les autres apparaissent infailliblement.

Ces tendances qu'ont nos idées à s'exciter mutuellement en vertu des rapports qui les unissent, constituent ce que l'on nomme l'association des idées.

En quelles circonstances et en vertu de quelles raisons ces liaisons ou rapports peuvent-elles se former ?

On constate d'abord que ces rapports sont ou nécessaires ou contingents.

Les premiers ne peuvent manquer d'exister, telles sont les relations de cause à effet, du moyen à la fin, de la partie au tout ; — ils règlent la suite de nos pensées dans les recherches auxquelles nous nous appliquons et réclament un certain effort d'attention ; — ils sont le lot des esprits graves et sérieux.

Les seconds lient entre elles nos idées par une pente naturelle, sans efforts ou presque sans efforts de notre part ; — ils reposent sur leur ressemblance ou leur contraste, sur leur durée, simultanée ou successive, dans le temps, sur leur continuité dans l'espace ; — ils sont le lot des esprits moins réfléchis et plus légers.

Parfois nos associations d'idées semblent être l'ouvrage de notre choix ou d'un pur caprice, à la suite d'une impression que nous causent certaines images sensibles et frappantes, et grâce à des analogies les plus lointaines, elles deviennent quelquefois des plus bizares.

L'association des idées, envisagée à un point de vue d'ensemble, est un fait presque général de l'esprit humain, et nous la retrouvons dans nos comparaisons, nos jugements primitifs, nos raisonnements, qui tous ne sont que des associations ou des suites d'idées.

Restreinte à son rôle secondaire, elle est encore un phénomène important de la vie intellectuelle.

Ainsi elle témoigne de l'unité de notre existence suprasensible en établissant un lien constant entre tous les faits si divers qui la composent; — son absence dénote un état de déraison que l'on nomme démence incohérente; — le retour d'associations involontaires et inéluctables dénote un état mental maladif qui selon la gravité et la durée s'appelle obsession, hallucination, manie, monomanie.

Elle rend plus facile l'exercice de la mémoire, et vient en aide au travail de l'esprit en retrouvant un souvenir qui remonte ou descend la chaîne de nos pensées.

Enfin, elle est d'un grand secours pour l'éducation morale de l'homme, en préparant à l'enfance des associations de bonnes idées morales, car à force de répéter, ces idées demeurent dans la mémoire avec toute la liaison qui est entre elles.

L'IMAGINATION

Avec l'imagination nous entrons davantage dans le domaine du suprasensible ; l'imagination est en effet la faculté ou la tendance que l'homme possède de se représenter des idées qui n'ont pas d'objet réel ou qui ont une existence plus apparente que réelle.

Elle ne peut être confondue ni avec la mémoire, ni avec la conception, malgré certains rapports tout extérieurs ; ainsi, ce qu'il y a de commun entre l'imagination et la mémoire, c'est que l'une et l'autre n'a son objet présent, mais l'imagination nous le donne comme tel et cherche à produire l'illusion, alors que la mémoire implique l'idée d'absence et du passé.

Quant à la conception, elle a un objet qui n'est pas plus perceptible que celui de l'imagination, tout étant réel, alors que l'objet de l'imagination est purement fictif.

Comme toutes les opérations de l'intelligence, l'imagination peut être envisagée comme spontanée ou comme réfléchie.

L'imagination spontanée est une opération par laquelle l'esprit se représente vivement des idées ou des images relatives au monde sensible : dans la vie normale, la passion, la rêverie, le songe sont des circonstances les plus favorables au développement de cette faculté. Toutes les fois que l'homme abandonne la direction de lui-même, que la volonté laisse un instant flotter les rênes, les images et les idées s'enchaînent spontanément, et les produits du moment offrent une apparence de réalité plus ou moins grande suivant le degré d'action que la volonté s'est réservé.

L'imagination réfléchie est le pouvoir que nous avons de combiner nos idées précédemment acquises de manière à en former un tout conforme non plus aux objets que nous avons réellement perçus, mais à un type que nous nous représentons et qui n'a dès lors qu'une existence subjective.

Ainsi envisagée, l'imagination suppose sans doute la mémoire, mais elle ne vit pas seulement du souvenir ; elle sort de la réalité toujours marquée d'une inévitable imperfection, et, prenant pour modèle un type supérieur, elle travaille, modifie et combine les éléments que lui fournit la réalité, éloignant ce qui serait de trop, ajoutant ce qui manque, substituant partout à l'incohérence et au désordre apparent de la réalité l'ordre et l'harmonie que la sensibilité créatrice et l'intelligence directrice dégagent des objets.

Et lorsque l'imagination s'exerce sur les objets que lui a fournis la réalité ou c'est elle qui conserve les rapports qui les unissent dans la réalité en les dégageant seulement de ce qu'il y a en eux d'individuel ou de défectueux pour les élever à un type qui est pour elle plus parfait; c'est elle qui crée l'*idéal* ; — ou c'est elle qui sans tenir compte de ces rapports, combine capricieusement les éléments de la réalité et en forme un tout auquel rien ne correspond dans la nature, c'est elle qui crée la *fiction* ou le mysticisme.

L'imagination a le don de charmer tout ce qu'elle touche; elle va même jusqu'à donner certains charmes au souvenir des maux soufferts ou des dangers courus qui valent bien les charmes du bonheur passé.

Dans une mesure beaucoup plus restreinte, l'imagination s'applique encore à la science comme elle est l'inspiration de la poésie et des beaux-arts; — de même que l'esprit humain est sans cesse poussé à la recherche de beautés supérieures, de même il tend vers l'idéal de la vérité, vers la science. Pour y parvenir il a recours non seulement à nos sens, à notre raisonnement inductif ou déductif, mais encore à l'imagination, et c'est elle qui crée les hypothèses.

Spontanée ou réfléchie, l'imagination est pour l'homme un don précieux ou un dangereux présent; — purement instinctive, elle nous fait percevoir presque sans efforts une foule de beautés auxquelles nous n'arriverons jamais sans son secours, nous retraçant tantôt l'image des absents ou des disparus, nous faisant revivre les tableaux de la nature et les scènes dont nous avons été témoins; — réfléchie et sous la direction de la volonté, elle allège les misères de la vie réelle, en créant un monde idéal peuplé des plus séduisantes fictions; elle est pour l'homme une source inépuisable de jouissances et la principale cause des plaisirs de l'esprit ; elle a été le principe initial de tous les chefs-d'œuvre que nous admirons en poésie, en peinture, en sculpture.

Echappée au contrôle de la volonté, elle devient vagabonde, et peut exercer la plus fâcheuse influence sur les caractères et sur les mœurs : elle se nomme alors la *folle du logis*. Pour se soustraire à ces écarts, il faut que notre volonté éclairée exerce son empire sur elle, et cet empire s'acquiert par l'habitude prise de bonne heure d'exercer un contrôle sur les hommes, sur les événements, sur les choses.

A ce sujet, n'oublions pas que c'est par l'imagination que l'intelligence exerce une grande influence sur la sensibilité. Tantôt elle augmente notre sympathie pour les scènes de souffrance et de détresse ; — tantôt elle nous fait prendre une part à la prospérité d'autrui et aux sentiments heureux qui intéressent les individus et le monde social ; — tantôt elle ajoute un nouveau charme aux beautés de la nature en associant nos affections bienveillantes pour les êtres qui en jouissent. Elle est pour ainsi dire un réservoir d'altruisme.

Notons, en finissant ce sujet, que l'imagination subit l'influence de l'âge, de l'organisme, du sexe, du climat ; de là naissent les différences qui éclatent d'une manière si évidente dans la poésie et dans les arts des différents peuples, comme dans les religions des différentes races.

IV. — La Volonté

Comme la volonté est une faculté ou une tendance qui ne peut exister sans revêtir un caractère de liberté chez l'être humain, cette faculté est bien la faculté maîtresse par excellence, créatrice du devoir, s'identifiant dès lors avec la morale et donnant à l'homme la supériorité au-dessus de tous les êtres vivants.

Aussi peut-on dire : « La volonté est la faculté de se posséder et de se diriger soi-même. »

Il peut paraître osé de parler de cette faculté avant d'étudier tous les développements de l'intelligence par sa collaboratrice inéluctable, *la Logique*, qui est l'étude des lois de la pensée et de leur application.

Cependant nous n'hésitons pas à le faire immédiatement après notre étude sur la sensibilité et sur l'intelligence, car elle est la synthèse ou le couronnement des deux premières tendances de notre esprit, sentir et entendre ; — elle est l'affirmation voulue de notre sensibilité ou de notre entendement, ou des deux à la fois, sorte de faculté mixte, se manifestant soit par une action ou par une réaction, lorsque nous voulons affirmer nos sensations, ou imposer nos idées.

La fonction de la volonté subsiste donc dans son intégralité et dans sa finalité, qu'elle s'applique dans l'ordre sentimental ou dans l'ordre intellectuel. En un mot, la volonté est bien la résultante ou la synthèse de toute œuvre humaine, que cette œuvre soit sentimentale ou intellectuelle; nous la retrouvons dans tous les phénomènes de la vie humaine, quels qu'ils soient, avec plus ou moins de spontanéité, de réflexion, de durée, d'espace.

En même temps cette faculté n'a jamais perdu et ne peut jamais perdre le caractère de liberté qu'elle laisse à tout être humain; par suite, tout acte d'action ou de réaction qui émane d'elle met en jeu la responsabilité humaine, et c'est avec raison qu'elle peut être proclamée le fondement de l'ordre moral tout entier.

Notre volonté, pour s'affirmer dans le sens de l'action ou de la réaction, possède une méthode qui comporte deux procédés : connaître les faits par l'observation et l'expérimentation; — connaître les lois qui les gouvernent par le raisonnement et par l'analogie.

Ces procédés nous attestent d'abord que l'âme est dans un état constant d'activité; cesser d'agir ou de réagir, c'est pour elle cesser de vivre.

Or, les faits d'action ou de réaction se produisent sous l'influence de trois mobiles : l'instinct ou intuition; — la volonté; — l'habitude — d'où la classification : faits instinctifs; — faits volontaires; — faits d'habitude.

Ainsi trois états par lesquels peut passer l'activité de l'homme, — l'instinct, — la volonté, — l'habitude. Le premier état a pour caractère d'être produit par l'homme, sans réflexion, suite du déploiement de son activité naturelle, résultante fatale de la constitution qu'il a reçue en naissant; dans cette catégorie rentrent les mouvements spontanés du corps qui tendent à sa conservation : — les tendances de l'esprit à étudier les objets qu'il ne connaît pas encore ; — l'aspiration de l'âme vers le bien et vers le beau. Tous ces faits instinctifs apparaissent comme devant être la force créatrice pour le devenir humain.

Le second état a pour caractère d'être réfléchi, conscient, venant après les opérations diverses et les forces variées de l'intelligence, tendance de direction et de contrôle final *voulu*; dans cette catégorie rentrent tous les actes de la vie intellectuelle et morale de l'homme.

Aussi parmi les actions humaines les plus importantes sont celles qui ont le caractère particulier d'être *volontaires*; comment cette évolution vers l'acte final se produit-elle ?

L'âme, en présence d'un but d'action, est sollicitée par un ou plusieurs motifs ; tantôt elle se décide sans hésitation, tantôt elle délibère, c'est-à-dire elle examine et compare les divers motifs qui la sollicitent, puis prononce quel est celui qui l'emporte et commande l'obéissance; à la suite de cette délibération se produit le fait propre de la volonté, *la détermination*. Hélas ! celle-ci n'est pas toujours en rapport avec le jugement de la raison !

Lorsque la volonté s'exerce à la suite des phénomènes que produit la sensibilité, il n'y a pas *délibération*, il y a seulement détermination qui met en mouvement les nerfs et les muscles, suite d'un fatalisme constitutionnel.

Mais quand la volonté se détermine après délibération, il y a alors le jeu des opérations et des phénomènes que produit l'intelligence ; notre organisme des nerfs et des muscles obéit alors réellement à la volonté ; en pareils cas (ce sont les plus nombreux) se trouve démontré que le caractère essentiel de la volonté consiste dans la liberté que l'homme a d'agir ou de ne pas agir. Maître de son action ou de sa réaction dans le monde visible, il est aussi libre de croire ou de ne pas croire, dans le domaine du monde invisible ou inconnaissable.

De la liberté résulte pour l'agent la responsabilité de ses actes, c'est-à-dire que ses actes lui sont imputés en bien ou en mal, qu'il en a le mérite ou le démérite. Ainsi s'affirme la supériorité de l'homme sur tous les autres êtres vivants autour de lui.

Une sorte de dualité apparaît dans cette tendance de l'esprit à l'action ; s'agit-il d'un acte instinctif, on peut dire que la volonté (que certains appellent alors la volition) *obéit* à un désir spontané ; s'agit-il d'un acte intellectuel, la volonté *commande* après réflexion.

Quoi qu'il en soit, que l'homme cède à l'instinct ou à l'intelligence, il tend vers la perfectibilité, en donnant plein essor à sa sensibilité, à son intelligence, à sa volonté.

Même dans le domaine de la sensibilité, au cours de la vie humaine, la lutte n'existe-t-elle pas entre deux faits? Ainsi, je désire le repos, et cependant je travaille; le monde désire ne pas boire un breuvage qui lui est prescrit, et cependant il le boit pour sa guérison; on peut affirmer ainsi que le but de la volonté chez l'homme est de tendre vers le bien, et de la sorte la personne humaine arrive à aimer le bien par sa sensibilité, à le connaître par son intelligence, et à le poursuivre par sa volonté.

Nos trois tendances ou facultés sont indissolublement liaisonnées entre elles; la sensibilité, l'intelligence, la volonté agissent et réagissent successivement les unes vis-à-vis des autres.

La sensibilité, par l'expression de nos sentiments et de nos affections, agit sur notre volonté qui réagit à son tour sur notre sensibilité.

Ainsi le principal effet de l'attention, opération volontaire par excellence, consiste quelquefois à suspendre presque entièrement l'exercice de la sensibilité; quelquefois à la supprimer et à produire par l'exaltation de la volonté une sorte de vie extatique ou mystique qui efface toute sensibilité.

Mais lorsque le contrôle de la volonté s'exerce utilement chez l'individu, le jeu normal de nos facultés se produit, et l'être humain apparaît libre et maître de lui-même, c'est-à-dire doué de raison et dès lors d'une supériorité. C'est donc par la tendance de notre esprit à la méditation et au travail scientifique que l'exercice de la volonté acquiert de plus en plus la solidité et la fermeté nécessaires pour constituer le véritable être humain, ou l'homme complet.

Il nous reste à évoquer le troisième mobile apparent de nos actions et de nos réactions, en faisant observer que l'habitude est plutôt un moyen qu'un mobile de développer le rôle et le jeu de la volonté, soit dans nos actes instinctifs, soit dans nos actes intellectuels.

Ainsi l'habitude nous permet d'exercer sur notre sensibilité un double effet, en l'avivant, en l'émoussant ; l'habitude nous conduit à fortifier nos tendances intellectuelles, en mettant de l'ordre et de la méthode dans nos connaissances ; l'habitude permet à la volonté de devenir plus souple sans perdre sa sensibilité et d'avoir plus d'étendue et plus de durée.

L'habitude, comme faisant partie de l'éducation, devient un fait important dans la vie de l'homme ; car elle vient faciliter la pratique du bien, et préparer la loi morale grâce à ce phénomène dit « psychologie de l'imitation ».

LOGIQUE

I. — Les Idées.

II. — Le Langage.

III. — La Méthode.

IV. — Les Certitudes.

LOGIQUE

> ... Le savoir a son prix.
> La Fontaine.

La Logique doit être l'étude des lois de la pensée et doit nous fournir les moyens d'en faire une juste application : cette étude, quelque sommaire qu'elle soit, serait en quelque sorte le formulaire de la Psychologie et aurait pour objet d'attirer l'attention par sa précision et sa clarté, si possible.

I. — Les Idées

La psychologie nous a démontré que l'homme est doué de sensibilité, d'intelligence, de volonté.

Par la loi naturelle, l'homme est appelé à communiquer à ses semblables ce qu'il sent, ce qu'il pense, ce qu'il veut, et c'est par la manifestation et par l'expression de sa pensée qu'il arrive à communiquer avec ses semblables.

Or, la pensée prend naissance dans l'idée, qui peut se définir : Un fait fragmentaire de l'intelligence de chaque individu, avec cette addition que ce fait fragmentaire s'élargit et s'agrandit d'autres faits fragmentaires semblables et se généralise par l'observation et l'analyse.

Ce phénomène s'explique par la *logique*, c'est-à-dire par l'étude des lois de la pensée et de leur juste application.

L'analyse nous montre partout l'*idée* ; il est impossible d'avoir connaissance d'une chose quelconque sans en avoir idée ; — le même fait est nécessairement impliqué dans tout ce que nous appelons « et nos sentiments et nos résolutions »; nous ne pouvons, en effet, ni aimer, ni haïr, ni désirer, ni craindre sans avoir une idée des objets qui provoquent nos sentiments, et le mot vouloir lui-même perd toute acception si l'on n'y joint l'idée de la chose voulue.

L'*idée* est d'ailleurs si claire par elle-même qu'on ne peut l'expliquer par d'autres faits qui soient plus clairs et plus simples ; l'idée est donc un *fait premier* que l'on ne saurait définir. Sous ce rapport, il en est de l'*idée* comme de la *sensation* : par aucun moyen vous ne pouvez faire connaître à un aveugle en quoi consiste la sensation de la vue, ni à un sourd la sensation de l'ouïe; mais quiconque a des yeux et des oreilles n'a pas besoin qu'on lui définisse ces choses. Aussi, de même, tout homme normal sait, sans avoir besoin d'aucune définition, ce que c'est qu'avoir une *idée* d'une chose.

Le sens commun ne se trompe pas sur ce point; si certaine doctrine philosophique s'est abusée longtemps, et a voulu voir dans le phénomène de l'*idée* une sorte d'intermédiaire entre l'âme et les objets, une image, émanation grossière qui aurait pour fonction de se mettre en rapport direct avec l'âme et de faire ainsi ce que les *réalités* ne peuvent faire. Or, ces images sont ou matérielles ou immatérielles; si elles sont matérielles, par quel moyen peuvent-elles entrer en communication avec la substance immatérielle que nous appelons l'âme? — Si elles sont immatérielles, comment peuvent-elles émaner des objets ou des corps matériels?

Le phénomène de la suggestion ne permet-il pas de dire que le phénomène consiste dans une double manifestation de deux âmes, l'une subissant la prépondérance de l'autre.

L'*idée* n'est donc pas une image, une reproduction quelconque, mais un *fait premier*, indéfinissable en raison même de son immatérialité, comme l'est la pensée non exprimée, restant dans l'intimité *du soi*.

S'il n'existe pas de définition logique des *idées*, il est possible d'avoir recours *au langage*, expression de la pensée, pour faire comprendre le sens attaché à ce mot, et voici comment :

Lorsque notre esprit possède une pensée ayant

un sens complet, fini, achevé, et se déclare satisfait, il perçoit une pensée qui lui suffit; il y a alors de sa part un jugement qui prend la forme d'une proposition, par exemple, « la terre tourne autour du soleil ». — Séparez ces mots : « terre, soleil, tourne », il ne reste pour l'esprit que des débris inintelligibles d'un tout, des éléments sans vie que l'esprit doit comparer et rapprocher pour en retrouver la signification ; il n'y a pas encore jugement, il y a des idées représentées par des mots ou termes; donc des faits fragmentaires, des faits phénomènes élémentaires servant à constituer la pensée.

Où prennent naissance les idées ?

Les idées ont leur origine dans l'activité de l'esprit humain ; tout d'abord, deux tendances de l'âme s'affirment, la sensibilité qui crée l'idée, l'intelligence qui la développe et la dirige; il y a dès lors activité psychique comportant deux tendances divergentes vers le problème vital, c'est-à-dire deux connaissances différentes.

Tel est le sens qu'il faut comprendre dans cet aphorisme d'école : « *Nil est in intellectu quod non prius in sensu.* »

Puis intervient le jeu de la troisième faculté de l'âme, la volonté, faculté maîtresse, qui réalise l'idée en agissant ou en réagissant.

Les idées étant d'espèces différentes peuvent être envisagées avec des caractères particuliers, et se prêter ainsi à des classifications suivant le point de vue envisagé ; ainsi :

1° Au point de vue de leur objet, nous trouvons : des idées sensibles ou représentations des êtres ou objets et de leur propriété perceptibles par les sens ; — des idées intellectuelles ou des notions relatives au monde supra-sensible, idées du moi, du sens intime, de sa spiritualité, ou encore des conceptions de la raison, idées du parfait, de l'infini, de l'absolu ; — des idées morales ou des notions relatives à la perception et aux applications de la loi morale, idées du bien et du mal, de satisfaction et de remords ; du devoir.

2° Au point de vue de leur formation : des idées simples quand l'objet conçu ne peut pas se décomposer en plusieurs autres, idée de solidité ; — des idées complexes, quand l'objet conçu peut se décomposer, idée d'une substance solide se décomposant en corps et solidité ; — des idées singulières, idée d'un individu ou d'un objet spécial ; — des idées générales, idée d'une classe d'individus ou objets spécialisés.

3° A un autre point de vue, les idées sont contingentes ou nécessaires ; l'idée du moi ou de mes semblables est une idée contingente, car ou moi ou mes semblables nous pouvons ne pas être ou ne plus être ; — l'idée d'espace infini, de temps éternel est une idée nécessaire, car l'infini et l'éternité subsistent quand même l'univers serait anéanti.

Toutes ces classifications se combinent entre elles, et rentrent les unes dans les autres.

La vie sensible et intellectuelle nous dévoile et nous fait connaître le monde réel et visible; mais pour la connaissance du monde irréel et invisible, cette double vitalité nous apparaît insuffisante, lorsqu'elle n'est pas secondée par une force intime, immatérielle, créatrice de liberté et de croyances spirituelles.

Ne pas admettre cette force chez l'homme, c'est ériger en dogme le doute, et proclamer la négation des croyances morales. Dire que la vie humaine consiste uniquement dans un vaste mécanisme de forces physiques, chimiques et de déductions mathématiques, c'est dire qu'il n'y a plus lieu de philosopher; c'est dire que pour les questions morales il n'y a qu'à s'en rapporter au destin et au hasard; c'est méconnaître les deux grandes lois qui dominent l'humanité, la loi de l'amour et du travail; c'est, en un mot, proclamer la faillite de l'esprit humain.

L'analyse, la critique, tous les moyens d'érudition constituent bien la science, et la développent par étape; mais cette science, qui ne tient compte que des réalités physiques, chimiques, mathématiques, peut-elle même produire les morceaux fragmentaires d'une philosophie une et éternelle ?

Si l'histoire de l'antiquité nous offre un ensemble de constructions morales rationnelles, trouverons-nous dans ces constructions rationnelles une place suffisante pour la liberté, la sensibilité et les croyances morales qui font partie de l'esprit humain?

Que répondre à ceux qui, sortant de la vie intellectuelle et rationnelle, cherchent et trouvent dans la liberté, dans la sensibilité et la croyance une affirmation morale, que la science met en doute, et qui les satisfait?

N'oublions pas que la liberté est un élément de vitalité pour l'homme; — la sensibilité est seule créatrice des idées de tout ordre, réel ou irréel; — les croyances morales sont pour l'esprit humain des réalités spirituelles.

Si la logique rationnelle doit être esclave de la science et de l'esprit scientifique, elle ne peut se déclarer exclusive de liberté, de sensibilité, de croyances spirituelles; la science s'impose comme un fait, mais elle ne peut nier la notion de liberté, laquelle comporte la responsabilité et sur laquelle reposent nos croyances morales.

Aussi nous répéterons-nous encore une fois: si tout dans la vie humaine n'est qu'un mécanisme, un jeu de forces matérielles, il n'y a plus de philosophie; il ne faut plus croire à la liberté, au libre arbitre, à la responsabilité de l'être humain, à la valeur du travail et de l'effort, à la loi d'amour pour son semblable; c'est le triomphe du fatalisme, de la contemplation; c'est l'annulation complète de l'esprit humain.

N'oublions pas enfin que les affirmations de la science sont des faits plutôt que des principes, car la science, par ses progrès continus, démontre elle-même qu'elle ne consigne dans ses lois qu'un provisoire revisable, puisque les lois scientifiques d'un siècle sont annulées par le progrès et font place à d'autres lois scientifiques : le domaine de l'irréel n'en subsiste pas moins; c'est là une idée nécessaire.

II. — Le Langage

L'homme, en possession de l'idée, pour communiquer sa pensée à ses semblables, a recours au langage qui est l'ensemble des signes de toute sorte propres à l'expression de cette pensée.

Parmi ces signes, les uns ont leur origine dans la nature, et sont appelés signes naturels; tels sont les larmes, signe de la douleur; le rire, signe de la joie...; les autres signes sont le résultat d'une convention entre les hommes et sont appelés signes artificiels; ainsi l'emploi de telle ou telle couleur est la désignatisn de telle ou telle nation.

Quant au langage proprement dit, il est ou naturel ou artificiel; le premier a pour élément les gestes, la physionomie, les sons inarticulés; il est universel, parlé et compris par tous les peuples, essentiellement *synthétique*, et parfois irrésistible, mais incapable de développer une théorie scientifique ou philosophique. — Le second est le résultat d'une convention toute arbitraire; il est changeant et varié; il a besoin d'être enseigné et appris; il est essentiellement analytique; il décompose la pensée et seconde l'esprit dans son effort pour arriver à la connaissance des hommes et des choses. — Pour le jeu complet de ces deux symboles, il faut leur alliance intime.

Enfin, pour conserver ses pensées, communiquer à distance avec ses contemporains, converser avec les siècles passés et transmettre l'héritage intellectuel et moral aux siècles futurs, l'homme a inventé l'écriture qui fut de deux sortes : l'une hiéroglyphique, représentation immédiate de la pensée par un objet (un arc représente un guerrier, un œil ouvert signifie intelligence); — l'autre alphabétique, représentation immédiate du son de la voix.

Ceci dit, quelle influence le langage a-t-il pu exercer sur la formation des idées, sur leur conservation, sur les communications entre les hommes?

A ces trois points de vue, la réponse est affirmative, et les raisons à l'appui de cette affirmation s'adaptent à cette triple réponse ; ainsi, la pensée, à son origine, vague et confuse, constitue un élément purement spirituel, immatériel, flottant dans l'esprit, insaisissable dans ses limites, si les mots justement appelés *termes*, en venant la déterminer ne la rendaient moins mobile et plus facile à fixer dans l'esprit.

La collaboration de l'entendement ou intelligence se fait alors sentir pour apporter la précision et la clarté dans cette synthèse primitive toute sensationnelle; l'esprit, par l'attention et l'analyse, envisage à part les différentes parties et les diverses qualités de l'objet; plus tard l'esprit, à l'aide de la généralisation, ou bien envisage plusieurs objets dans un même genre, ou bien classe sous une forme générale les qualités aperçues dans les individus.

Ce sont les idées abstraites et les idées générales qui ont besoin du secours du langage; il faut qu'un mot spécial désigne la qualité séparée de la substance, pour que l'intelligence ne les confonde pas dans la réalité; de même, pour éviter les confusions des idées générales avec les idées individuelles. Plus les diverses opérations de l'entendement se multiplient et s'associent les unes aux autres (jugement primitif, raisonnement, jugement définitif), plus le langage devient essentiel pour fixer les divers éléments de la pensée.

En résumé, la liaison est si intime entre nos idées et le langage que nous ne pensons jamais sans le secours des mots, et il devient impossible de séparer les idées des termes qui les désignent.

Ainsi la précision est obtenue ; grâce à cette précision et à l'analogie, créatrice de l'unité de règles dans toutes les combinaisons de la pensée, la clarté et la richesse du langage apparaissent et s'affirment ; les mots ou termes déterminent l'idée de substance (substantifs), et l'idée de qualités (adjectifs) ; — les mots s'appliquent à chaque objet individuel, puis particulier, puis général. Enfin, notre jugement affirme ou nie l'existence des deux choses (substance — substantifs, qualité — adjectifs) ; ces opérations nous donnent la proposition.

En terminant ces réflexions sur le langage, qu'il nous soit permis de dire que dans les langues modernes et en particulier la langue française (chef-d'œuvre de l'analyse et de la synthèse), la prédominance de l'ordre logique est éclatante, conforme à la loi morale du progrès qui fait de l'homme un être sensible et passionné, avant de le montrer dans le développement de son intelligence, et dans l'action de sa volonté éclairée.

III. — La Méthode

Après avoir étudié les origines, la nature et l'applicabilité des *idées*, — puis le langage envisagé comme organisme de représentation et comme agent de transmission, — il nous apparaît utile de rechercher et de préciser les procédés les meilleurs à employer dans ces diverses opérations.

Ces procédés constituent ce que l'on appelle la méthode, qui consiste elle-même dans un ensemble de mesures préparées et combinées en vue de conduire l'homme plus directement et plus sûrement à la découverte de la vérité.

Tout d'abord, la méthode est possible, car si l'homme est sujet à erreur, parfois il ne se trompe pas ; — la méthode est nécessaire, en raison même de l'esprit humain plus ou moins passionné et imaginatif et de la nature de la vérité qui souvent se dérobe et qu'il faut rechercher : les plus grands génies ont proclamé les bienfaits de la méthode.

Les procédés fondamentaux de toute méthode sont l'analyse et la synthèse.

L'analyse consiste à séparer les éléments d'un objet pour les mieux connaître ; elle a sa raison d'être : dans les sciences physiques, chimiques et naturelles en isolant les éléments des substances composées ; — dans les sciences exactes et morales en établissant des divisions parmi les faits et les vérités de l'entendement ou de la conscience, ce qui permet de faire des distinctions entre le sentiment, la pensée et la volonté. Le propre de l'analyse est donc de passer du composé au simple, du concret à l'abstrait ; le procédé consiste à diviser les difficultés pour les mieux connaître, et à faire des revues générales pour ne rien omettre.

La synthèse rapproche les éléments divisés par l'analyse et reproduit l'unité ; elle suit une marche opposée à l'analyse ; elle va du simple au composé, de la partie au tout ; — dans les sciences physiques, elle consiste dans la reconstitution de l'objet à l'aide de combinaisons successives. Elle se rencontre aussi dans les sciences exactes ou mathématiques, celles-ci ayant pour base certaines notions abstraites telles que le nombre, la quantité, l'étendue, la figure, sorte de conceptions idéales au-dessus des réalités changeantes, ce qui constitue ainsi des principes certains et conduit à l'évidence par la démonstration. Elle se rencontre enfin dans les sciences morales, celles-ci ayant pour base certaines notions abstraites et impondérables telles que le vrai, le juste, le beau, conceptions idéales de l'esprit humain.

Quoique la méthode analytique et la méthode synthétique aient des procédés de travail si différents, il demeure constant que l'un de ces procédés n'exclut jamais l'autre, et que leur influence réciproque s'exerce d'une façon relative ; aussi a-t-on pu émettre cette formule : analyse sans synthèse, science incomplète ; synthèse sans analyse, science fausse.

Précisons maintenant les procédés de la méthode dans chacune des sciences que l'esprit humain est appelé à créer, à apprendre, à enseigner :

§ 1er. — *La Méthode dans les Sciences physiques et naturelles*

Ces sciences ont à leur service la méthode dite d'observation ou d'induction, ou méthode expérimentale ; cette méthode a fait faire à ces sciences des progrès rapides depuis deux siècles; elle procède à l'étude des faits par l'observation, l'expérimentation, la classification, et à la proclamation de lois qui les régissent par l'analogie, l'induction, les hypothèses.

L'OBSERVATION

L'observation est l'étude des phénomènes de la nature tels qu'ils se présentent à nos yeux ; elle n'est guère que l'attention plus développée et plus profonde dans nos moyens d'employer nos organes des sens dont la portée se trouvait accrue par certains instruments : télescope, règles, compas, hygromètre, etc.

Elle doit noter les caractères des faits observés, les circonstances au milieu desquelles ils se produisent et les altérations que la température et l'atmosphère peuvent causer sur eux.

L'EXPÉRIMENTATION

Il ne suffit pas d'observer, il faut fixer les objets sous les yeux de l'observateur ; tel est le but de l'expérimentation qui consiste à faire naître ou renaître les phénomènes à étudier.

Aussi l'expérimentation doit être variée, renouvelée dans des circonstances diverses ; — étendue, appliquée à des objets pris en masse ; — renversée, c'est-à-dire faite par des procédés contraires, par analyse, puis par synthèse. C'est ainsi qu'il est permis de détacher le permanent de l'accessoire passager, de préparer la généralisation.

LA CLASSIFICATION

Il faut retenir ce que l'observation et l'expérimentation nous ont appris ; ces phénomènes étant nombreux, il faut en conserver le souvenir ; tel est le but de la classification.

Les classifications sont ou naturelles ou artificielles ; les premières sont les seules vraies, car elles groupent tous les objets qui présentent entre eux le plus grand nombre de caractères semblables.

Les secondes sont inférieures à tous points de vue ; mais elles ont leur utilité au début de la recherche de la vérité, en permettant des divisions plus simples et limitées en vue de faciliter le travail d'observation et d'expérimentation dans l'avenir; c'est ainsi que les classifications artificielles nous conduisent aux classifications naturelles.

En résumé, toute classification doit comprendre tous les faits directs; mentionner tous les faits constants, exclusifs de tous autres, importants, simples, faciles à obtenir.

La science aspire à dépasser dans son développement la sphère étroite de l'étude des phénomènes de la nature; elle veut nous conduire du connu à l'inconnu; elle y procède par l'analogie, par l'induction, par l'hypothèse.

ANALOGIE

L'analogie se rencontre dans les choses ou dans l'esprit; la première consiste dans cette vraisemblance extérieure et imparfaite qui se manifeste entre certains phénomènes; — la seconde consiste dans le jugement qui nous porte à attribuer une qualité retrouvée dans un second objet pour que celui-ci ressemble déjà au premier.

Les raisonnements fondés sur cette double analogie nous offrent tout au moins un degré considérable de probabilité; il est nécessaire de se défier des erreurs qui peuvent en résulter, surtout dans les opérations qui au départ sont choses matérielles et passent dans la classe des choses de l'esprit.

L'analogie abrège le travail en généralisant les

observations, en se substituant à des observations impossibles, en fortifiant les probabilités pour devenir presque des certitudes.

INDUCTION

Le raisonnement qui consiste à trouver, à l'aide d'un certain nombre de faits particuliers analogues, bien constatés, la loi qui les gouverne et les explique, constitue l'induction; elle est le procédé principal des sciences physiques; elle fixe les lois suivant lesquelles s'accomplissent les phénomènes de la nature; elle opère entre la faculté expérimentale et la faculté rationnelle une alliance étroite qui permet tous progrès et fait tout espérer.

Pour que l'induction fonctionne normalement, il faut multiplier les observations et varier les expériences; il faut reviser ces observations et ces expériences, procéder ainsi par des généralisations partielles, puis plus étendues, limiter dans les lois les faits seuls préalablement constatés; et dans ce travail, il faut avoir l'esprit dégagé de tout système anticipé, et se tenir à égale distance du hasard et du parti pris.

HYPOTHÈSES

La méthode expérimentale est exclusive de

tout arbitraire. La science doit-elle cependant bannir toute imaginaton, rejeter toute hypothèse? — Si l'art de découvrir les causes des phénomènes de la nature est comme l'art de déchiffrer, l'hypothèse peut être admise comme un moyen d'abréger le chemin, mais en raison de ce qu'il y a de hasardeux, il n'y faut recourir qu'après avoir constaté que l'hypothèse envisagée représente une idée juste et complète, simple, analogue avec le connu, facile à vérifier dans son applicabilité, et propre à s'adapter dans ses conséquences avec la science.

§ 2. — *La Méthode dans les Sciences exactes*

Ces sciences doivent leur titre de sciences exactes à l'évidence de leurs principes, à la sûreté de leur méthode, à la rigueur de leurs résultats; elles s'enferment dans un monde tout idéal de conceptions abstraites relatives aux corps, telles que le nombre, la qualité, l'étendue, la figure..., au-dessus de la réalité changeante et sujette à contradiction; elles sont les sciences par excellence.

La méthode dont elles se servent se nomme méthode déductive; elle part de principes certains, axiomes et définitions, se poursuit par la démonstration, et conduit à l'évidence.

AXIOMES

Les axiomes sont certaines vérités évidentes par elles-mêmes; on les appelle encore lois de croyance ou vérités premières.

Les axiomes sont pour les sciences exactes ce que l'observation et l'expérimentation sont pour les sciences physiques et naturelles, c'est-à-dire le fondement et le point de départ de tout raisonnement.

L'axiome ne doit contenir que des choses parfaitement évidentes où il suffit d'un peu d'attention pour en reconnaître l'évidence.

DÉFINITIONS

Définir, c'est déterminer le sens d'un mot ou la nature d'une chose. La définition du mot doit être rapide, claire, simple et conforme à la signification généralement donnée au mot, si l'on veut qu'elle soit à la portée de tout le monde; — la définition d'une chose, moins arbitraire que la première, consiste dans la reproduction des caractères essentiels des objets; — l'une et l'autre ne sauraient être envisagées séparément; il est en effet facile de concevoir qu'un mot sera bien compris quand la nature de la chose sera bien connue.

Rappelons, d'ailleurs, qu'une chose peut être logiquement définie par ses attributs ou caractères essentiels, comme elle peut être simplement l'objet d'une description. La définition logique doit consister dans une proposition spécialisée, claire, courte, et telle que le sujet et l'attribut peuvent s'échanger, ce qui n'est pas possible dans toute proposition ordinaire.

La description remplace la définition, elle est moins vigoureuse que la définition plus précise et plus exacte ; elle consiste à exposer les causes particulières, les propriétés accidentelles d'un objet, ses différents effets, sa forme, son mode d'existence et de développement.

Il semble de cette différence entre la définition logique et la description que la première convient à peu près exclusivement aux sciences géométriques et aux sciences métaphysiques ; elle est pour ainsi dire l'apanage de cette faculté de l'âme qui conçoit, mais ne dit rien à l'autre faculté de l'âme qui sent et imagine. — La seconde paraît seule convenir à la plupart des objets physiques.

DÉMONSTRATION

La démonstration est un raisonnement ou une suite de raisonnements qui établissent d'une manière invincible une vérité par le rapport qu'elle a avec une vérité reconnue évidente ou antérieurement prouvée.

La démonstration est l'instrument vital des sciences exactes qui, sans elles, seraient réduites à énoncer des axiomes et des définitions, demeurent stériles ; elle offre l'avantage de conduire à des conséquences qui ont la même valeur que leurs principes.

Deux espèces de démonstration existent : l'une part de la *proposition à démontrer* et remonte par un examen attentif des termes, — par l'analyse, — à une ou plusieurs vérités générales de principes ; c'est la démonstration ascendante, on la rencontre dans la science algébrique ; l'autre part de la vérité du principe et fait voir par une série de conséquences la vérité ou la fausseté de la proposition en question ; c'est la démonstration synthétique ou descendante, on la rencontre dans la science géométrique.

Il y a encore la démonstration par l'absurde ; elle arrive à contraindre l'esprit, mais ne l'éclaire pas ; elle remplit imparfaitement le but de la science qui doit convaincre et persuader tout à la fois.

Un mot encore sur la démonstration *à priori* et la démonstration *à posteriori* ; la première repose sur une notion pure de l'intelligence ; exemple : la démonstration de l'existence de Dieu par la conception nécessaire de l'infini, du parfait ; la seconde va de vérités particulières dues à l'expérience, à des principes généraux ; exemple : la démonstration de l'existence de Dieu par les merveilles de l'univers et l'ordre qui règne dans l'ensemble.

ÉVIDENCE

L'évidence est le caractère de clarté par lequel la vérité s'impose à l'esprit, et provoque un assentiment qui ne laisse plus de place au doute ; on la trouve dans les axiomes ou théories premières, dans les définitions qui servent de principes, ou encore dans les faits constatés par l'observation et l'expérimentation ; elle passe, par la démonstration, de ces sources primitives dans les vérités qui d'abord comportaient quelque doute.

L'évidence est immédiate ou intuitive dans les axiomes ou les faits primitifs, qui naissent de la conception directe et instantanée de la vérité par l'entendement ; — médiate ou démonstrative quand elle résulte pour l'esprit de la démonstration.

SYLLOGISME

Le syllogisme n'est qu'un argument composé de *trois* propositions tellement unies que la troisième résulte nécessairement des deux autres, étant observé que dans cet ensemble de propositions il y y a *trois* mots, c'est-à-dire trois éléments constitutifs, un mot général ou grand terme ; un mot individuel ou petit terme ; un mot moins général que le premier, mais plus général que le petit terme, c'est le moyen terme. Ainsi, le syllogisme comprend trois termes, trois propositions; c'est l'enchaînement de ces trois propositions qui constitue la forme de l'argument :

Exemple : Tout Normand est Français ;
Pierre est Normand ;
Donc, Pierre est Français.

Les deux premiers termes s'appellent *prémisses*, et le troisième qui contient la question résolue, s'appelle *conclusion*.

Tel est le syllogisme pur.

Il y a encore :

1º Le syllogisme tronqué ;

2º Le prosyllogisme ou deux syllogismes avec cinq propositions ;

3º Le dilemme ou double syllogisme ;

4º Les syllogismes réunis où la proposition de l'un devient le sujet de l'autre, et ainsi de suite jusqu'à la dernière qui est déduite de la première.

Les modes et règles du syllogisme sont très variées : la théorie syllogistique a été fort en honneur au Moyen-Age ; puis une réaction violente se produisit.

La vérité est sans doute entre ces deux partis extrêmes, et l'on peut conclure que si le syllogisme a des avantages, l'abus a de grands inconvénients. Ce qui reste vrai, c'est que le syllogisme est un des meilleurs instruments de la science des mathématiques, il est un guide pour l'esprit qui s'avance sans perdre de vue la vérité ; mais il faut éviter d'en faire une sorte de procédés mécaniques qui entravent la liberté de l'esprit, pour créer la subtilité, et faire contracter l'habitude pernicieuse de tirer les conséquences de principes mal examinés.

De tout ce, la prudence est de mise dans l'usage du syllogisme.

§ 3. — *La Méthode dans les Sciences morales*

Dans le domaine des sciences morales le psychologue observe les vérités et les faits de l'esprit humain; à l'aide du sens intime, il étudie et classe ces vérités et ces faits qui sont la résultante des sentiments, des pensées, et de la solution, éléments et facteurs constitutifs de l'esprit humain.

C'est ainsi qu'apparaissent en une double classification la méthode dans les sciences morales. Dans une première classe figurent les sciences morales inductives, c'est-à-dire celles qui ont pour objet l'étude des faits de nature spirituelle avec la recherche des lois qui président à l'accomplissement de ces faits; telles sont la psychologie, science de la vie spirituelle dans l'homme et de ses lois; — l'histoire, science des faits qui s'accomplissent dans la vie des nations et des lois qui y président; — la sociologie, qui est la science des phénomènes sociaux.

L'observation, l'analyse, la synthèse sont donc les procédés de cette méthode, semblables procédés à ceux employés dans l'étude des sciences physiques et naturelles; mais leur objet dans les sciences morales étant tout différent, les phénomènes à observer étant des phénomènes de la vie intellectuelle chez l'homme, ils ne peuvent être perçus par nos sens qui ne peuvent les atteindre, et nous avons recours à une faculté qui les saisit immédiatement; cette faculté de l'esprit humain se nomme le sens intime ou la conscience.

Le psychologue se place en quelque sorte au centre de la vie intérieure, il démêle les phénomènes variés qui la composent, il note tous leurs caractères. Pour éviter leur fuite, il essaie de reproduire ces phénomènes par la force de la mémoire, et par cet artifice, il les fait renaître pour mieux les observer et les définir, les classe. Ainsi chacun de nous peut faire sienne la méthode cartésienne, qui consiste à observer les faits, à étudier les idées, à les rejeter dès qu'il peut les mettre en doute, à n'admettre comme vérité que le principe qui a résisté à toutes ses hypothèses, comme celui-ci : *Cogito, ergo sum.*

Après l'étude des faits moraux, nous devons déterminer les lois qui y président; c'est la méthode dite de l'analogie et aussi de l'hypothèse.

Ainsi, par l'induction, la philosophie de l'histoire pose cette loi : « Il y a un rapport entre les institutions et les mœurs des peuples, et elles exercent les unes sur les autres une influence réciproque. »

J'ajoute que l'homme a besoin de recourir à l'expérience de ses semblables, car il ne peut seul suffire à l'observation des faits moraux ; il invoque l'autorité des hommes, source de connaissances tellement variée et importante ; nous étudierons un peu plus loin les conditions et les modalités, les garanties que l'autorité des hommes doit nous offrir.

En résumé, l'art de la méthode bien employée s'applique, avec avantage, à toutes les études quelles qu'elles soient, d'ordre physique ou d'ordre spirituel.

Dans une seconde classe figurent les sciences déductives comme la théodicée et la métaphysique ; elles posent des principes et tirent les conséquences qu'ils contiennent.

Au point de vue de la méthode, elles offrent une analogie frappante avec les sciences exactes ; elles doivent poser :

1° Des axiomes, comme : « Tout attribut est adhérent à une substance » ; 2° des définitions, comme : « Le nécessaire est ce qui ne peut ne pas être ».

Il est bon, toutefois, de signaler dans la pratique de la vie, une différence entre les sciences exactes et les sciences morales ; les premières, en raison de l'intérêt universel et immédiat qu'elles apportent, sont facilement acceptées ; les secondes n'offrent pas cet intérêt immédiat pour réveiller et développer le sens commun, le sens moral qui repose sur le sentiment et sur la raison ; ce qui les fait plus difficilement accepter par tous.

Nous arrivons à étudier les principales modalités et ce que l'on nomme quelquefois les *sables mouvants* du témoignage des hommes, et à déterminer ensuite les règles de la critique historique, pour bien définir l'autorité que nous devons donner à cette source de nos connaissances morales.

Un simple retour sur nous-même suffit pour faire comprendre combien nous sommes redevables au témoignage de nos semblables.

Nous trouvons d'abord dans la famille les premières leçons de notre langue maternelle, les légendes et les chansons, les prières, les simples histoires de la famille ; puis nous complétons les premières leçons dans nos écoles sous la direction de maîtres instruits et moralistes.

Plus tard l'homme, qui a reçu ainsi l'instruction et l'éducation morale, s'examine lui-même, et il reconnaît en lui un amour instinctif pour le vrai, sentiment qui persiste et s'affirme tant que la passion ou les préjugés, les deux causes actives de nos erreurs, ne viennent pas troubler sa raison.

Il est évident que nous trouvons dans le témoignage d'autrui une source abondante de connaissances, sous la condition d'exiger de lui de solides garanties.

Les faits apportés par les témoins doivent être possibles, vraisemblables, publics, importants; les témoins doivent être capables, sincères, probes et honnêtes, et doivent s'expliquer de manière à être compris.

Lorsque les témoignages ne portent pas sur un fait sensible, s'il s'agit d'une vérité, d'une doctrine : là il faut user largement de sa raison et ne se rendre qu'à l'évidence; pour une doctrine morale, l'antiquité et la généralité des croyances méritent la considération la plus sérieuse.

Passons à l'histoire : elle doit inspirer la certitude. Pour cela, elle doit reposer sur une méthode sérieuse non seulemeet des faits mais encore des sources historiques ou des témoignages; ces sources sont : 1° la tradition orale, ou transmission de bouche en bouche d'un fait ou d'une doctrine ; ses principaux caractères sont une grande simplicité, une haute importance, une grande publicité; 2° les monuments, c'est-à-dire tous les ouvrages de l'homme qui peuvent être les signes de faits accomplis, tels que médailles, édifices, statues, fête instituée; ces monuments doivent être authentiques et véridiques ; 3° les relations écrites sont la source la plus directe et la plus abondante et féconde de l'histoire; ces relations écrites doivent être authentiques, conservées sans altération et dans leur intégrité, et présenter les caractères de véracité.

En résumé, il faut distinguer d'abord les *faits*

que rapporte l'histoire, puis les *appréciations* qui se mêlent à son récit; pour ces dernières, elles ne sauraient, quelque habiles fussent-elles, mentir sur des faits éclatants et sur lesquels il serait démenti.

Enfin, il est bon que l'historien sérieux rapproche certaines sources historiques pour les confirmer ou les combattre; c'est ainsi qu'il grandira en autorité.

IV. — De la Certitude

Quand l'esprit s'est montré fidèle aux principes de la méthode, il est récompensé de ses efforts par une vue claire et nette de l'objet qui l'intéresse; et il peut se dire : « Cela est certain, cela est évident ».

La certitude est une et absolue, c'est là son caractère essentiel.

Envisagée au point de vue de sa formation, elle peut être immédiate, c'est-à-dire spontanée, ou médiate, c'est-à-dire réfléchie.

Envisagée au point de vue de son objet, elle présente quatre espèces : certitude physique, certitude psychologique, certitude rationnelle, certitude morale.

§ 1er. — *Certitude physique*

Elle est fondée sur la confiance de l'homme

dans les rapports de ses sens; pour qu'elle soit efficace, il importe que la confiance de l'homme dans la donnée de ses sens soit subordonnée aux garanties que donne le raisonnement.

§ 2. — *Certitude psychologique*

Elle est l'adhésion de l'esprit aux affirmations du sens intime ; cette forme de certitude est comme le fondement de toute autre certitude, parce que l'évidence des attestations du sens intime a mis fin au doute méthodique; elle a été adoptée par Descartes et son école.

§ 3. — *Certitude rationnelle*

Elle a pour but les données de la raison, les affirmations dont le contraire implique contradiction; exemples : « Le tout est plus grand que la partie ». — « Tout phénomène a une cause »; elle est en quelque sorte une vérité intuitive.

§ 4. — *Certitude morale*

Nous avons tenu à la préciser, pour la distinguer de la précédente; d'abord elle s'applique aux faits affirmés par le témoignage des hommes; elle est l'adhésion de l'esprit à ces faits; elle peut être considérée comme un moyen de persuasion plutôt que comme une preuve définitive à l'égard des contradicteurs de mauvaise foi ou passionnés. Par extension, on comprend dans ces mots (certitude morale) l'adhésion de l'esprit à certaines vérités morales ; nous la retrouverons en étudiant la question morale.

Aux sceptiques qui repoussent cette doctrine de la certitude on doit répondre que l'observation de notre vie intime nous atteste que l'homme se croit invinciblement apte à connaître la vérité ; — que l'histoire du développement de l'humanité ne permet pas de douter que les hommes ont toujours admis l'évidence comme marque distinctive de la vérité; que la confiance de l'homme dans les données de ses facultés intellectuelles est une loi de la nature. — Si l'homme ne doit pas porter trop loin sa prétention à connaître, il doit faire un légitime usage de ses facultés.

Aussi, la *certitude*, qui peut être définie une adhésion ferme et inébranlable de l'esprit à la *vérité*, introduit dans l'esprit un repos, une quiétude parfaite du *moi* qui s'affirme à lui-même ; elle crée la croyance invincible à la réalité de l'objet qui l'intéresse.

Il ne faut pas confondre la certitude, qui est une et absolue, avec la confiance qui n'a pour fait que des probabilités et des degrés, et laisse place à l'erreur.

Enfin, l'opposé de la certitude est le doute avec ses troubles et ses inquiétudes ; aussi devons-nous le combattre de tous nos efforts pour ramener dans notre esprit le calme et la sécurité.

§ 5. — *Causes et remèdes de nos erreurs*

Le vrai « c'est ce qui est », — l'erreur est la croyance « à ce qui n'est pas ». Les erreurs sont donc de malheureuses chimères de la pensée ; — l'erreur est pire que l'ignorance.

Les classifications de nos erreurs sont nombreuses et variées. Quelles qu'elles soient, il faut toujours revenir à la cause commune de toutes nos erreurs ; la voici : « La précipitation dans nos jugements ». Si nous n'affirmions jamais que nos idées claires, — si nous nous abstenions quand l'ojet dépasse la portée de nos facultés, nous ne nous tromperions pas. Mais nous nous laissons entraîner par les passions, tromper par les qualités extérieures des objets ; ou nous cédons à la paresse ou à l'amour-propre. Indiquer ces sources d'erreur, c'est nous prémunir contre les attaques de l'erreur.

Combattons l'erreur par des moyens personnels à chacun de nous, et soumettons à la critique de la raison les préjugés qui nous viennent de l'autorité humaine, et les sophismes de la pensée qui arrivent jusqu'à nous ; nous marche- ainsi à l'orée de la vérité.

MORALE

I. — Théorie. — Morale rationnelle.

II. — Historique.

III. — Pratique.

MORALE

> L'homme ne doit pas ignorer
> les règles de son devoir.

I. — Théorie. — Morale rationnelle

L'esprit humain est *trinitaire*, comportant trois facultés : Sensibilité — Intelligence — Volonté. — Ainsi le démontre la psychologie.

L'esprit humain personnifie dans son intégrité l'âme humaine, aspirant vers l'idéal du vrai, du bien, du beau ; voilà pourquoi il se dégage de notre vitalité intégrale une loi morale ; pour la connaître, il s'agit de rechercher la règle des *mœurs*, afin de déterminer le *devoir*.

La conscience humaine comporte, d'abord la perception intuitive, directe, intime du *moi* ; — puis elle reçoit le contrôle et la directive de l'intelligence ; — enfin, elle s'affirme par la volonté dans l'action ou la réaction.

Tel apparaît pour chaque individu le sentiment

ou la notion du vrai, du bien, du beau, source du *devoir*.

Au milieu des contingences de la vie, l'analyse des faits moraux s'impose, et au cours de cette analyse il faut y rechercher et y trouver la trace de cet *idéal*, s'y rattacher, s'y conformer ; or, tous ces faits *moraux* ne peuvent être que des faits *librement voulus*, engageant la responsabilité de l'homme.

N'oublions pas que l'esprit humain, dans son intégralité, a créé, dirigé et voulu l'action morale ou la réaction contre le mal.

Que l'action soit accomplie par un autre ou par nous-même, nous voyons toujours apparaître, sous des formes variées et avec des manifestations différentes, ces sentiments et ces jugements qui décèlent partout un idéal moral plus ou moins élevé, auquel nous rapportons soit la conduite des autres, soit notre propre conduite.

Ainsi se pose inévitablement cette question : « Y a-t-il une règle de conduite ? » La réponse ne pouvant être qu'affirmative, il est évident qu'il y a des choses permises et des choses défendues ; donc il y a des devoirs, et dans la plupart des cas des responsabilités.

Pour rendre l'agent responsable, il faut :

1° Que cet agent ait conscience de ce qu'il a fait ; 2° qu'il réfléchisse et qu'il discerne ce qu'il va faire ; 3° qu'il ait la liberté de choisir entre deux actes possibles ; 4° qu'une loi supérieure portant qu'il faut faire tels actes et interdisant tels autres, soit observée ; — voilà ce qui constitue le sens moral chez l'homme.

A défaut de ces quatre conditions réunies, la responsabilité ou disparaît ou diminue, et il est juste de reconnaître les modalités et par suite les degrés de la responsabilité ; ainsi, plus nous sommes instruits en science et en morale, plus nous sommes libres, plus nous sommes responsables.

Le principe moral veut que nul homme ne doive ignorer les règles de son devoir ; il suffit qu'il *sache* ce qu'il fait, et qu'il *veuille* le faire ; dans ces conditions, l'intention et le fait volontaire co-existant, la loi morale est respectée parce que le sens moral a triomphé.

Nous confirmons notre adhésion à cette doctrine, parce que l'intention vaut par dessus tout, lorsqu'elle est sincère et vaillante.

Quelle est la conception la plus nette, la plus satisfaisante de cet idéal entrevu, dans notre atmosphère vitale, au milieu des conflits plus ou moins troublés et des nombreux préjugés existants ?

Pour que la morale soit la *science morale*, il faut déterminer et fixer les caractères de la loi morale (que la psychologie nous a fait entrevoir) pour satisfaire la conscience.

Les principaux caractères de toute loi morale sont au nombre de deux :

Le premier consiste à laisser libre la volonté de chacun, sans l'exercice d'aucune contrainte.

Le second consiste dans l'affirmation d'une loi, créant pour chacun une obligation, un commandement supérieur, un impératif catégorique, car la loi morale ne peut subir une condition, ni comporter une hypothèse.

La logique veut, en effet, que la loi morale soit universelle, éternelle, immuable; — qu'elle proclame l'ordre intérieur, librement accepté et réalisé. Ainsi, pour pratiquer la loi morale, nul n'a besoin que *de soi*.

Mais si la loi morale est *impérieuse*, elle est aussi attrayante, car elle attire par sa séduction le cœur et la volonté vers l'idéal entrevu, et développe l'attirance vers le mieux; et c'est là une preuve certaine de la perfectibilité humaine.

Ceci exposé sur les caractères de la loi morale, il importe de chercher la cause initiale de notre action volontaire.

Les causes initiales qui créent notre action volontaire peuvent se ramener à trois :

Nous agissons par égoïsme aux formes les plus variées; — par sentiment ou sensibilité; — par raison.

Les deux premiers mobiles de notre action volontaire se rencontrent partout et se diversifient à l'infini; or, la loi morale ne peut reposer sur l'égoïsme quel qu'il soit, aveugle et passionné, ou prudent et raffiné, parce que la loi morale perdrait son caractère principal et essentiel qui est d'être *universelle*. Elle ne peut donc être que rationnelle, parce que tous les caractères de la morale se trouvent résumés dans la raison, et voici comment :

La morale a sa base dans la volonté qui est l'exécutif de nos sentiments qui créent, et de notre intelligence qui contrôle et dirige ; ce sont ces trois facultés de l'esprit humain — sensibilité, — intelligence, volonté — qui font l'homme complet ; l'esprit humain dans son intégralité découvre le vrai, le bien, le beau, idéal entrevu d'abord, puis réfléchi, enfin voulu. Avec ces trois facultés, chacune dans son applicabilité et à son heure, l'homme perçoit les mobiles de ses actions et leurs directives, et il peut choisir les règles morales pour agir.

En résumé, ni sensibilité exclusive, ni intelligence intéressée ; au début création d'un sentiment, puis examen réfléchi par l'intelligence de ce sentiment, solution donnée sous forme d'action ou de réaction par la raison qui commande et qui fonde la loi morale.

De cette méthode, il résulte que nul ne peut ignorer la loi morale qui détermine ce qui est *honnête*, envisage ce qui est *utile*, règle le conflit entre l'*honnête* et l'*utile*, faisant la part de chacun, et fixant la place principale à l'*honnête* et la place secondaire à l'*utile*.

De là prend naissance dans la pratique la

classification des devoirs en devoirs stricts et en devoirs moyens ; — de là découle cette conclusion logique et obligatoire, à savoir que la loi morale ne peut avoir son origine ni dans le plaisir, ni dans l'égoïsme passionné ou prudent, ni dans l'utilitarisme privé.

Cette conclusion nous permet d'affirmer au contraire que la conscience chez l'homme ne peut avoir son jeu normal que dans l'activité saine et intégrale de l'esprit humain se manifestant dans la plénitude de ses trois facultés.

Aussi, que la loi morale soit envisagée ou reçoive son application aux actions de la vie personnelle de chacun, — ou qu'elle le soit aux actions de la vie sociale, nous trouvons toujours que la loi morale commande l'unité et l'harmonie pour l'action pour y rencontrer les mêmes vertus : l'honnête, le vrai, le juste, le beau, la bonté.

Qu'importent les doctrines et les systèmes de morale ! En dehors de notre méthode rationnelle, vécue dans la vie privée et dans la vie sociale, toutes ces doctrines et tous ces systèmes ne sont que des moyens employés pour faire accepter une théorie plus ou moins spécieuse, inacceptable parce que incomplète et spécialisée, privée de tout caractère universel que toute loi morale doit posséder indiscutablement.

En résumé, la loi morale rationnelle est la seule qui soit conforme à l'esprit humain, pris dans son activité vitale, que les contingences de la vie retient en prison dans le corps humain, mais qui se réveille et s'affirme chaque fois qu'il agit dans sa plénitude.

Les droits sacrés et imprescriptibles de l'être humain se trouvent ainsi respectés, et dès lors toute critique devient ou semble devenir impossible par cela même qu'elle est irrationnelle.

L'esprit humain, en effet, composé de sentiment, d'intelligence, de volonté, exerce sa triple fonction : par la sensibilité, il crée le sentiment ; — par l'intelligence, il contrôle, éclaire et oriente vers la raison ; — par la volonté, il exécute l'action honnête ou repousse l'action mauvaise.

Il nous semble que pour atteindre le vrai, le bien, le beau, il faut, dans la pratique, attendre davantage de l'honnêteté et de la bonté naturelles de l'homme que des théories scientifiques et philosophiques.

Toute théorie morale, si elle est basée uniquement sur le sentiment, peut devenir un danger, car le sentiment n'est pas infaillible ; si elle est basée sur l'intelligence seule, elle risque d'être négative, improductive dans bien des cas.

Mais lorsque le sentiment et la raison sont d'accord, il existe une base solide en théorie, et en pratique la meilleure préparation pour dresser le catalogue des bonnes et des mauvaises actions ; le sens moral s'afffirme, la conscience est satisfaite, l'homme a rempli son devoir.

L'exposé de cette doctrine peut être qualifié de simpliste ; en tout cas, elle est en parfaite harmonie avec les principes de la psychologie, elle vise à l'idéal du vrai, du bien, du beau.

Dans le monde réel, elle va trouver son application pratique dans toutes les manifestations provenant de faits notoirement considérés comme bien ou mal ; quoi de plus peut être exigé de l'homme perfectible mais non parfait ! Et en même temps, pourquoi l'homme, ainsi armé pour le bien, échapperait-il à la responsabilité du devoir non accompli !

Ne semble-t-il pas que l'homme perçoit des sentiments, qu'il est doué d'intelligence, qu'il possède une volonté : « *il sent, il pense, donc il existe* », donc il lui appartient de passer au crible de la raison l'inventaire du bien et du mal, et d'établir la balance des effets qui peuvent se produire. La pensée domine tout, la raison décide, la volonté peut agir en connaissance de cause ; la solution s'affirme et se concrétise ; le but moral est atteint, la loi morale est observée par chaque individu. Avec de tels procédés la moralité personnelle de chacun va s'identifier avec la moralité sociale, car l'une et l'autre sont soumises aux mêmes règles du devoir et de la responsabilité.

Si l'égoïsme passionné ou prudent, si le sentiment ou la sympathie ne peuvent être envisagés comme suffisants pour servir de base à la loi morale, seule reste debout la raison qui commande de faire certaines choses par cela seul qu'elles conviennent et sont dans l'ordre, et qui impose le devoir.

C'est bien là qu'aboutissent et se rencontrent toutes les conceptions les plus élevées du *souverain bien* ; nous les trouvons chez les moralistes anciens, et la tradition les a fait passer jusqu'à nous dans le monde de la science et de la philosophie.

D'un mot, la raison est le fondement de toute loi morale, et la formule « *agir par devoir* » est la première règle des mœurs, comme elle est la plus grande vérité métaphysique.

Il nous reste à définir le devoir : la notion du devoir doit être envisagée non pas seulement au point de vue exclusif de la science ou spéculatif, mais au point de vue de la vie et de ses contingences; autrement dire, la raison n'est pas ici seulement spéculative comme dans toute recherche scientifique; elle nous apparaît comme ayant un rôle pratique à jouer comme régulatrice de la volonté; c'est ainsi que la raison, qui commande et met en activité la volonté, exerce un commandement d'un ordre particulier, qui laisse la volonté libre d'agir dans un sens ou dans un autre : obligation et liberté sont les deux termes inséparables, constituant dans leur liaison et leur accord cet état d'âme appelé la *bonne volonté*, véritable et complète, et de cette bonne volonté sortent tous les fruits savoureux du souverain bien. Le sentiment est satisfait, la raison est triomphante, la conscience est en paix.

Comment en serait-il autrement ? La liberté et la raison sont les deux éléments constitutifs de l'esprit humain, de la personne humaine. La liberté, soumise au contrôle de la raison, accepte librement la loi dictée par la raison ; notre obéissance à la loi morale ne comporte ni contrainte, ni servilité ; elle est librement consentie, librement voulue, prescrite pour ainsi dire par *nous-même à nous-même* ; alors que le sentiment n'est pas exclu dans l'opération, mais remis à sa place secondaire pour faciliter la tâche de la volonté.

Ceci admis, les postulats de la conscience apparaissent évidents :

Le premier, c'est la croyance à la liberté ; — le second, c'est la croyance à l'immortalité de l'âme humaine, à une vie ou à une série de vies, car la loi morale révèle une vie intellectuelle et morale, indépendante de l'animalité qui rend la matière au néant après avoir été animée de forces vitales ; — le troisième, c'est la croyance à une Intelligence Suprême.

Cicéron a écrit : « Je ne puis me persuader que l'intelligence expire au moment où elle se dépouille de son enveloppe mortelle, et que l'âme cessât de penser au moment où elle se dégage du corps qui ne pense pas. Quand la mort dissout les éléments de notre être, les substances matérielles rentrent au sein des choses d'où elles ont été tirées; l'âme seule ne se montre ni pendant son séjour ni à son départ... Si les Dieux ont enfermé une âme intelligente dans le corps de l'homme, c'est pour donner des gardiens à la terre, et au ciel des spectateurs pour régulariser l'harmonie céleste dans leur propre conduite... »

Dans le même ordre d'idées, un philosophe de la fin du XVIIIe siècle a écrit à son tour : « ...deux choses remplissent l'âme d'admiration et de vénération toujours croissantes avec la réflexion : le ciel étoilé au-dessus de moi, la loi morale au-dedans de moi... »

Nous avons ainsi une règle pour nos actions : « Agir conformément à la loi », — une règle des intentions : « Agir par devoir pour obéir à la loi ».

Dès lors la loi morale possède à la fois un caractère positif et idéal. Cette loi nous vient de la psychologie qui traite des faits de conscience; elle est de construction logique; elle laisse une place au sentiment et à la sympathie; enfin, elle envisage la personne humaine comme *fin* et non comme *moyen*, découvrant dans notre *moi intime* quelque chose de bon puisque nous y trouvons le devoir.

II. — Historique

Quelques considérations nous paraissent utiles sur l'historique de la Morale dans tous les pays et dans tous les temps, avant de parcourir l'inventaire des actions bonnes ou mauvaises, dernière partie pratique de la loi morale, la plus accessible et la plus attrayante.

Il ne peut s'agir ici que d'une rapide revue historique, sorte de *memento* permettant de rattacher les unes aux autres par la tradition les doctrines les plus anciennes.

Il est permis d'affirmer que tous les penseurs ont entrevu la vérité morale ; s'ils ont tous parlé du *devoir* et de l'*obligation* d'y obéir, ils ont surtout affirmé avec netteté et avec fermeté l'étendue et l'universalité de la loi morale, et proclamé le *souverain bien* comme étant le sentiment prédominant de l'ordre et le caractère de perfectibilité chez l'être humain ; aussi, nous trouvons chez tous les peuples, qui ont une histoire, une morale d'abord, avant tout système philosophique.

Les Égyptiens avaient le sentiment de la moralité et de la justice; leur dogme consistait dans le jugement des morts, atteignant chaque individualité faible ou puissante, récompensant les bons, réservant les supplices aux méchants.

Les Hébreux avaient le sentiment de la liberté et de la responsabilité ; le devoir, c'est-à-dire l'obligation d'y obéir apparaît davantage.

Les doctrines morales de l'Inde, d'abord le brahamanisme puis le boudhisme, renferment des préceptes admirables, le respect et l'amour des faibles, des pauvres, des malades, et plus tard dans les relations sociales, les idées d'égalité, d'humanité, de douceur, de fraternité.

La doctrine morale de la Perse reconnaît deux principes, le principe du bien et le principe du mal ; il y a lutte chez chaque individu entre ces deux principes ; le *devoir* incite la volonté à servir le bien contre le mal, et à assurer le triomphe du bien.

Les Celtes et les Gaulois nos ancêtres avaient par-dessus tout le sentiment de la liberté et de l'amitié ; ils croyaient que les bons conquéraient l'immortalité.

Les doctrines de Confucius, en Chine, reposaient sur cette idée morale que l'homme doit viser à la perfection ; — que la réciprocité entre les hommes est la principale règle de la vie ; que les sentiments de liberté et d'égalité doivent inspirer les actions de l'homme.

La Grèce va nous fournir des textes plus précis ; Socrate fut le premier moraliste de l'antiquité ; c'est le monothéisme qui affirme la beauté du monde, et la loi du bien ; pour lui les vertus s'enseignent comme la science ; la première classe nos actions, la deuxième coordonne nos pensées, l'une et l'autre constituent l'énergie morale. — Platon proclame que le dernier mot de la science, l'idée des idées, le soleil du monde intelligible, c'est l'idée du bien ; pour lui, la justice est la vertu par excellence ; pour lui, l'expiation est le châtiment de toute infraction commise. — Aristote corrige et rectifie la doctrine platonicienne dans son applicabilité ; il la ramène à ce qu'elle *peut être* en lui conservant ses *tendances idéalistes* ; l'activité raisonnable donne ses fruits naturels, c'est-à-dire la récompense certaine, le bonheur ; le sentiment de la vie réelle pénètre chez l'homme, et l'amour du bien restant toujours l'idéal à atteindre, la vie réelle comporte des devoirs moyens : tel est bien le règne avoué et possible de la psychologie de l'imitation. — Cette doctrine peut s'appeler la morale du juste milieu : « Rien de trop, fuir tout excès » ; c'est l'idéal mis à la portée de tout le monde. Le devoir strict est réservé aux sages seuls ! — Par un double exemple, cette doctrine se justifie : « il faut éviter la prodigalité et l'avarice, — la lâcheté et la témérité ». Ainsi dans tous les autres cas.

De cet enseignement socratique est née une grande école de morale, celle des stoïciens. D'abord la morale s'affirme chez les cyniques, avec Diogène, personnage populaire, et repose sur cette maxime : « Supporte et abstiens-toi ». Cette doctrine, ayant à sa base le sens moral et la passion du bien, a eu sa grandeur et son éclat chez les Grecs avec Zénon, chez les Latins avec Sénèque, Epictète, Marc-Aurèle. Elle peut s'appeler la méthode de l'effort, de la lutte de la passion et de la liberté, tout l'effort vers le bien. — Toute morale vise donc à la conquête de la volonté ; l'homme devient grand et puissant par son effort vers le bien, puisqu'il parvient ainsi à vivre libre et raisonnable ; aussi, s'il s'éloigne de la raison, l'homme périt, la bête se montre ; mais si la doctrine stoïcienne trempe les caractères et développe la dignité de l'individu, elle demeure souvent vide de sentiments, d'amour, d'espérance !

Nous trouvons la solution complète du problème moral dans la doctrine de l'Evangile, qui résume et proclame les principes les plus élevés de dévouement et de bonté pour les faibles et pour les pauvres, décorant, étoilant et humanisant la morale rationnelle, se rapprochant de plus en plus du bien souverain, produit de l'effort spontané et réfléchi de la raison.

Pendant le Moyen-âge, la morale se confond avec la religion ; après l'évolution cartésienne, la loi morale s'affirme comme œuvre de la pure raison sans appel à la foi ; le devoir consiste à se perfectionner sans cesse et à posséder comme règle des actions l'idée des idées, l'idée du souverain bien.

Ainsi s'accomplit la synthèse de la bonne volonté dans l'effort, et du bonheur comme récompense; ainsi la conscience individuelle a sa répercussion sur la conscience sociale : la morale peut alors mériter son titre de morale indépendante.

Concluons : L'ordre moral, c'est le bien en dernière analyse et en définitive synthèse.

III. — Pratique

Dans cette troisième partie, nous abordons l'étude des moyens, c'est-à-dire des règles pour mettre en pratique les principes de la loi morale.

En première ligne, nous affirmons que la loi morale ne peut se passer de sanctions; quelles sont les sanctions adéquates à la loi morale?

En procédant par distinctions, nous envisagerons les diverses sortes de sanctions qui existent dans une société civilisée.

Par sanction, il faut entendre tout un système gradué de peines et de récompenses en vue de faire respecter la loi; ainsi, la violation des lois civiles et politiques a pour sanction d'une part, des peines diverses, prison, amende, dommages-intérêts; d'autre part, la société récompense les actes de bonne foi, d'honnêteté, de dévouement, de sacrifices par des pensions, des décorations, des faveurs, des emplois lucratifs, des postes honorables. Mais, hélas! quoi qu'il en soit, il n'est pas douteux que toutes les contraventions ne sont pas châtiées, et tous les actes de désintéressement ne sont pas récompensés : ces sanctions sont insuffisantes et incomplètes.

Si l'on ajoute à ces sanctions positives certaines sanctions d'ordre intellectuel, telles que l'estime publique ou par antagonisme le mépris public, il n'est pas encore douteux que ces nouvelles sanctions, en raison même de leurs fluctuations, manquent d'autorité; ne voyons-nous pas l'imperfection et l'insuffisance de ces sanctions, et chaque jour nous constatons que le remords va s'émoussant et s'effaçant, de même que les satisfactions obtenues. Enfin, n'est-il pas trop vrai que les sanctions frappent plus ou moins à côté des coupables, et les récompenses arrivent à des gens sans les avoir méritées.

Si toutes ces sanctions nous apparaissent insuffisantes et imparfaites dans les questions d'ordre social, il ne peut en être que de même, et *à fortiori*, dans les questions d'ordre moral; et cependant la loi morale ne peut se passer d'une sanction, d'autant plus nécessaire que cette loi laisse au sujet toute liberté et n'exerce aucune contrainte à son égard.

Il faut conclure à la nécessité d'une sanction suprême; — il faut admettre comme bon, comme désirable, comme nécsssaire que la vie présente ait une suite; — il faut que cette pensée soit une croyance et non un théorème; — il faut qu'elle soit pour notre esprit le produit de la conscience, et non la résultante d'une démonstration.

En résumé, faire le bien doit être affaire de notre volonté, faculté maîtresse par excellence s'exerçant dans sa plénitude après le jeu normal de notre sensibilité et de notre intelligence.

La psychologie nous conduit à la loi morale.

Une deuxième observation s'impose sur cette double notion, le *devoir*, le *droit*; laquelle de ces deux notions sert de base à l'autre.

Le droit consacre l'inviolabilité de la personne humaine; le devoir consiste dans la libre obéissance à la raison; si la notion du devoir paraît primordiale, on dira que le devoir fonde le droit, et cependant, en apparence du moins, le droit commande le devoir.

Qu'importe! ces deux idées sont inséparables : la seule conclusion à retenir est que tous les devoirs sont obligatoires pour l'homme.

Maintenant, recherchons quel est l'objet de la morale pratique? Il consiste dans l'étude des faits moraux, tels qu'ils se présentent dans les circonstances principales de la vie.

Il suffit de régler nos actes en conformité des principes théoriques de la morale tels que nous les avons précisés et déterminés.

L'homme étant un être individuel, et un être social, nous devons le suivre dans ses actes ayant un caractère individuel, puis dans ses rapports généraux avec ses semblables.

Dans le premier cas, l'homme raisonnable doit développer ses facultés ou tendances, et avoir, comme objectif, sa perfectibilité : ce sont là ses devoirs individuels.

Dans le second cas, il doit envisager quels sont ses devoirs sociaux qui se subdivisent, suivant leur caractère plus ou moins général : 1° en devoirs généraux envers tous les hommes de la société mondiale ; — 2° en devoirs spécialisés dans les sociétés spécialement organisées.

L'homme doit envisager et concevoir tous ses devoirs au cours de sa vie dans un but élevé, c'est-à-dire dans leur origine d'ordre supérieur et en vue de la fin de sa destinée.

Dans le cadre des devoirs individuels apparaissent les devoirs de légitime conservation personnelle, de dignité personnelle, de respect de l'ordre dans la possession des animaux et des choses.

Dans le cadre des devoirs sociaux se rencontrent d'abord les devoirs de justice et de respect dû à la personne humaine, les devoirs de dévouement et de solidarité ; — puis les devoirs de famille, de piété filiale, de fidélité conjugale, de piété paternelle ; — puis les devoirs civiques et de patriotisme, devoirs spéciaux pour tout homme vivant en société orgrnisée.

Enfin, l'homme doué de raison a pour devoir le plus élevé qu'il puisse remplir, celui d'envisager sans cesse l'origine et la fin de sa destinée, s'il veut se rapprocher le plus possible de la perfection, c'est-à-dire du souverain bien.

Tous les droits de l'homme, de même que tous ses devoirs seront analysés et concrétisés dans l'étude sociologique « Solidarité sociale », complément nécessaire de tout code moral : on y trouvera tous les devoirs qui incombent à l'homme civilisé, soit vis-à-vis de lui-même, soit vis-à-vis de l'humanité, soit à l'égard de sa famille, soit à l'égard de sa patrie.

Il est inutile d'observer que tous les principes de morale sont ceux qui doivent être envisagés en temps de paix.

Témoins de la plus horrible guerre que l'humanité outragée a dû subir, et des plus effroyables violations du droit et de la liberté, nous affirmons notre foi et notre confiance dans une paix victorieuse pour le redressement du droit et de la liberté, et pour le rétablissement du devoir moral.

SOCIOLOGIE

SOLIDARITÉ SOCIALE

(2ᵉ Edition)

TABLE

Avant-propos............................... 129

Chapitre I. — La Solidarité est un phénomène social. — Caractère moral de ce phénomène. — La Solidarité est un devoir social. — Classification des devoirs. — Devoirs moyens « *Media officia* »............................ 131

Chapitre II. — Origine et développement des devoirs moyens chez l'être-individu. — Première phase, dans la famille. — Seconde phase, dans les associations inter-familiales. 146

Charitre III. — Développement des devoirs moyens chez l'être-social. — Premièrement : dans les associations mutualistes, dans les coopératives, dans les syndicats professionnels. — Secondement : dans l'État-société, par les lois de protection et de défense sociales................................... 161

Chapitre IV. — Instruction scientifique. — Intégrale. — Professionnelle. — Développe- de la moralité par la science. — Développement de la Solidarité sociale par la raison... 177

Conclusion.................................. 186

AVANT-PROPOS

Après quarante années de République, malgré l'effort fait en vue de l'enseignement, la notion de moralité n'apparaît pas encore bien définie : on bataille encore là-dessus.

Pourquoi pareil débat entre des hommes qui se réclament *les uns et les autres* de la morale ?

Il me semble, après avoir beaucoup vu, lu et entendu, que je puis retenir ceci : *Ni les uns ni les autres n'ont de morale bien définie*, par cette raison bien simple qu'*ils* n'ont pu se mettre d'accord sur la nature des rapports de l'homme à l'homme ; autrement dire, dans notre État-société, y a-t-il *antagonisme*, ou bien y a-t-il *association* ?

Pour notre part, nous nous sommes prononcés pour l'*association*, et par cela même nous affirmons qu'il y a *identité d'intérêt*, c'est-à-dire *solidarité* entre tous les associés : aussi pouvons-nous donner une base de moralité à notre association.

Dans cet essai, j'ai voulu montrer que cette

notion de moralité, que tous nous briguons à l'envi, apparaît déjà et finira par régner en souveraine, lorsque nous serons arrivés à pratiquer avec ensemble, dans notre association entre citoyens, les devoirs qui incombent à tout associé, et qui se résument dans ce mot « Solidarité sociale ».

CHAPITRE PREMIER

La Solidarité est un phénomène social. — Caractère moral de ce phénomène. — La solidarité est un devoir social. — Classification des devoirs. — Devoirs moyens « media officia ».

... Il faut être de son époque; il ne faut exiger des hommes que l'effort psychique adéquat à leur mentalité.

Cette double affirmation me semble acceptable, parce que réalisable.

***

Comment connaître le *critérium* de la mentalité d'un peuple avec assez de certitude pour être en mesure de faire pénétrer dans ses mœurs l'idée des devoirs strictement nécessaires — « *media officia*, dit Cicéron », et inscrire dans ses lois les sanctions efficaces en vue de lui assurer une vitalité individuelle et sociale?

Quels sont les devoirs qui, chez un peuple civilisé, nécessairement traditionaliste, peuvent être considérés comme adéquats à sa mentalité, c'est-à-dire comme étant à la portée de tout le monde ? —

***

Nous sommes, je crois, ce peuple civilisé et traditionaliste, car l'heure de la majorité de la classe des citoyens, désignés sous le nom de quatrième Etat a sonné; devenu majeur, il réclame ses droits, et entend les exercer.

Or, pour lui, comme pour tout autre qui l'a précédé dans le progrès, se dresse la corrélation de ses droits et de ses devoirs; c'est donc sous ce double aspect de la corrélation des droits et des devoirs qu'il importe de rechercher, d'étudier et de déterminer quels sont les voies et les moyens les meilleurs pour l'organisation et la mise en œuvre des forces individuelles et socialisées de ce peuple.

Si la loi majoritaire est à la base de notre armature sociale, il faut, avant tout, assurer l'existence même de ce peuple en tant que collectivité nationale, et, pour cela, il devient nécessaire d'assurer la vitalité de toutes les parties constitutives et intégrantes qui en forment un agrégat unique, par la combinaison intelligente et la communauté harmonieuse des efforts producteurs de toutes les forces agissantes.

***

Comment y parvenir ? Par la recherche et l'étude, par la découverte et la détermination des solutions conciliatrices dans la double question économique et sociale qui se dresse en face l'une de l'autre, qui exerce l'une sur l'autre des répercussions fatales, pour ainsi dire automatiques, qui dès lors commandent et imposent, en vue d'éviter la dissolution, puis la décadence et la mort, une série longue et variable de concessions et de transactions indispensables à la vitalité de ce peuple, et à sa place dans la civilisation mondiale.

***

A l'heure présente, deux forces sociales sont en contact, le capital et le travail ; il appartient de régler les contacts et d'éviter le conflit brutal et fatal au pays ; ce rôle revient à un troisième facteur, que nous appellerons une puissance intelligente et directrice qui réglementera les conditions du capital employé et du travail fourni, et qui terminera les conflits par un arbitrage obligatoire et défini dans ses modalités.

***

Aussi faut-il envisager une nouvelle compréhension des choses, et songer à faire pénétrer chez les gens un certain esprit de sacrifice que nous appellerons utilitaire, parce que s'il consiste à imposer à quelques-uns l'abandon de quelques avantages, il apporte à d'autres, qui en profitent directement, une amélioration matérielle et morale, dont les premiers bénéficieront à leur tour dans une atmosphère plus prospère et plus sûre.

．*．

Aussi complexe et difficile reste cette solution, en raison même de sa dualité indivisible, toujours résolue, mais en apparence seulement, sans cesse renaissante sous la pression de nouveaux besoins, créant de nouveaux désirs, nécessitant de nouveaux procédés d'organisation et de réglementation que les découvertes scientifiques suggèrent : c'est là l'œuvre incessante du législateur qui a pour mission d'inscrire dans les lois, toujours perfectibles, les améliorations d'ordre général et social.

Or, à l'heure actuelle, quelle est la mentalité du plus grand nombre ?

Il n'est plus permis de songer à une résurrection de la foi qui se meurt ; les travailleurs, intellectuels et manuels, ne subissent plus ou presque plus le phénomène psychique de la foi qui donne l'évidence à ce qui n'est pas démontrable ; ne croyant plus au paradis de l'au-delà, ils réclament leur part ici-bas dans le bien-être, et ils le font avec d'autant plus d'ardeur que les progrès de l'industrie capitaliste ont servi à grossir le bien-être de quelques-uns jusqu'à devenir démesuré et, par suite, insolent et provocateur.

*
**

Nous ne pouvons davantage ni douter, ni tenir aucun compte de la mobilité, quelquefois fiévreuse, de notre race, surtout à cette époque de transition où le passé n'est déjà plus, et où l'avenir rêvé n'est pas encore. Peut-il en être autrement pendant cette sorte d'interrègne de négation où l'espérance révélée s'évanouit comme une fumée, et où la panacée sociale n'apparaît qu'en mirage presque intangible, comme toute terre promise?

**

Si pareille situation peut créer quelquefois chez l'individu un état d'âme privé passagèrement de sens moral, cet état d'âme ne peut être qu'amoral, c'est-à-dire nécessairement provisoire et transitoire, car la négation absolue et définitive du bien, du juste et du beau sera la faillite de l'être humain; or, cela ne peut être; sorti de l'animalité, il monte à la vie libre de l'esprit; il progresse: il devient meilleur.

Et si chaque être possède une conscience, les progrès de la science, qui rapprochent les individus, influent sur cette conscience individuelle, lui apportent dans ses relations avec d'autres consciences certaines impressions émotionnelles qui sont tour à tour intellectuelles, esthétiques, morales; dans ce foyer des consciences individuelles, prend ainsi naissance ce *quelque chose* que la psychologie appelle la sensibilité morale, que nous appelions jadis « affections bienveillantes ou sociales », par opposition aux « affections malveillantes ou insociables ». Et je retrouve dans ma mémoire les exemples cités par nos maîtres (il y a un demi siècle déjà) : du bon côté, le culte de la famille, le patriotisme, la philanthropie; de l'autre côté, les manifestations de l'envie, de la haine, de la vengeance, la misanthropie.

La science grandissante ne peut donc que faciliter, chez l'individu, cette adaptation entre le sentiment personnel et le sentiment bienveillant ou social, car cette adaptation comporte nécessairement la réciprocité, et implique l'existence d'une responsabilité mutuelle entre les associés appelés à vivre de la même vie.

* *

Tout ce mécanisme moral peut encore paraître fragile, puisqu'il est mû par des êtres imparfaits; mais ces êtres sont perfectibles, grâce aux effets de l'extension sans cesse croissante de nos connaissances. L'arbre du *mal* (et ce n'est pas celui de la science) est désormais arraché et jeté au feu; l'optimisme devient une croyance salutaire et fortifiante, et chacun peut y croire et le pratiquer, puisqu'il y a certitude que dans la marche de l'humanité, il y a d'autres réalités que la *force* et le *hasard*; il y a une loi de moralité humaine, dont la réalité s'affirme et s'extériorise dans des manifestations de plus en plus tangibles à mesure que l'élargissement des intelligences et la sérénité des consciences se développent sous le souffle de l'instruction et de l'éducation s'affirmant solidaires, s'entremêlant sans cesse, dotant l'esprit des découvertes scientifiques, inculquant à l'âme ces sentiments que nous appelions tout à l'heure des affections bienveillantes ou sociales.

***

Aussi, quoi qu'on dise, la science ne peut donc être amorale, et ne peut non plus faire faillite; son essence est d'épurer et de conserver la tradition, comme aussi d'éclairer et de préparer l'avenir; elle accroît ainsi le domaine de la moralité humaine en lui donnant pour base la vérité, la justice et l'intérêt général; et c'est bien là le règne souverain de la morale conventionnelle ou appliquée, toujours vivace et toujours vivante, éveillant rationnellement chez chacun l'idée d'une responsabilité à encourir dans l'accomplissement de ses devoirs, tout en lui garantissant chez les autres un acte de réciprocité, assurant ainsi à tous l'exercice de leur liberté et de leurs droits. D'où cette conséquence logique que, si l'individu doit servir la collectivité en portant aide à son associé, il a intérêt à le faire puisque la collectivté doit à son tour le servir ; c'est là un fait hors de toute discussion, car il est évident que tout être social tire profit de son existence en société ; il faut avoir l'esprit morose pour parler de délaisser la morale conventionnelle, sous le prétexte qu'elle est encore en voie de formation ou de transformation : concevoir l'altruisme, la solidarité sociale, comme certains ne cessent de le proclamer, puis ajouter qu'il ne faut ni sacrifices stériles, ni abdications inutiles, ni suicides dans la vie sociale, n'est-ce pas à la fois une contradiction doublée d'un masque d'égoïsme tout simplement ? N'est-ce pas aboutir à la négation de l'être *fini*, sinon parfait, à la fois être-individu et être-social ? N'est-ce pas enfin mettre *au cran d'arrêt* la marche du progrès ?

⁎
⁎ ⁎

Cette moralité humaine, qui a pénétré dans la conscience d'une élite, ne doit avoir favorisé ces élus qu'à charge, par eux, d'ouvrir ces trésors de vérité, de justice et de bienveillance aux masses profondes de plus en plus troublées, et de plus en plus avides de connaître les causes, les effets et les fins de leur existence et de leur participation à la vie sociale dont elles sont un élément constitutif et intégrant.

∗∗∗

Pareille méthode, qui consiste à concilier le juste et l'utile et qui comporte en elle-même le principe salutaire de la perfectibilité, paraît être à l'abri de toute critique; elle émane d'une philosophie humaine, éprouvée et consacrée par le temps, puisque son but est de transmettre à l'humanité les vérités premières de tout ordre scientifique et moral que la science a faites siennes dans le passé; — les découvertes utiles et les améliorations acquises dans le présent; — les probabilités lumineuses et les espérances légitimes de l'avenir.

∗∗∗

Pareil enseignement ne saurait être *à fortiori* qualifié d'immoral, car il faudrait au critique l'audace d'affirmer tout d'abord que le fait de la négation par la science d'un dogme révélé comme celui de l'Immaculée conception, faisant bloc avec les autres, est un acte d'immoralité.
Il vaut mieux n'y voir qu'une copie servile de l'éclosion de la Minerve antique sortie du cerveau de Jupiter et proclamée, elle aussi, la Divinité-vierge, et reléguer le tout dans l'agréable souve-

nir des œuvres les plus imaginatives, les plus élégantes et les plus récréatives de l'esprit humain.

Pourquoi ne pas suivre les propagandistes de cette méthode traditionaliste, toujours en marche vers le mieux? Pourquoi ne pas mettre *en observation* les effets de l'évolution scientifique, lorsque parfois ces effets paraissent révolutionnaires et troublants par leur puissance de transformation et par leur bruyante rapidité ? Pourquoi, dès lors, détruire le pont qui relie le passé à l'avenir, et pourquoi l'homme du présent, imitant le marin qui a la garde du navire en marche et qui consulte sans cesse le plus petit objet de son bord, la boussole, n'aurait-il pas un regard et un souvenir vers le passé qui a eu sa part de vérité, et un regard et une aspiration vers l'avenir, songeant aux solutions conciliatrices, consolidant les progrès acquis, préparant les améliorations si ardemment désirées, pratiquant, en un mot, l'applicabilité des transformations nécessaires.

Tous ces résultats de la vie en arrière et toutes ces aspirations de la vie en avant sont et seront ainsi l'œuvre du temps, à la fois destructeur et créateur; c'est grâce à lui qu'il est possible de condenser les pensées des savants et des sages, d'épurer les intuitions des foules, de composer les forces agissantes d'une nation, de solidariser entre elles toutes ces forces dans un but de défense sociale et de progrès.

**

Ceci exposé, il est loisible de rappeler et de placer en exergue de notre thèse, comme base de notre argumentation, la classification des devoirs par Cicéron, qu'il définit dans son *Traité des Devoirs*, au livre III :

« ... Les devoirs que les stoïciens appellent *devoirs moyens* sont d'un usage très étendu et à la portée de tout le monde ; avec du bon sens et de la réflexion, plusieurs personnes y atteignent et s'en font aisément une habitude.

« Quant au devoir que ces mêmes philosophes appellent *droit*, c'est la perfection absolue, et, comme ils le disent, ce devoir a sa plénitude ; nul autre que le sage ne saurait y atteindre...

« ... Les devoirs moyens forment une honnêteté secondaire qui n'est pas seulement le partage de la sagesse, mais qui est commune à tous les hommes chez lesquels existe le germe de la vertu...

« ... Cette honnêteté secondaire qui est à la portée de notre faible intelligence, doit être pour nous un devoir sacré, comme l'honnêteté absolue, la vraie honnêteté, en est un pour le sage : c'est *le seul moyen de juger de nos progrès dans la vertu*...

« ... Ceux qui pratiquent l'observation des devoirs méritent le nom de gens de bien ; quant aux hommes qui pèsent tout dans la balance de l'intérêt, et qui refusent de reconnaître la prépondérance de l'honnêteté, ils n'agissent pas comme l'homme de bien. »

♦

Il est loisible de résumer ainsi les conseils si pratiques de la philosophie aimable de Cicéron :

A la mentalité parfaite du sage correspond le devoir droit : *Rectum officium*. A la mentalité imparfaite, mais perfectible du plus grand nombre correspondent les devoirs moyens : *Media officia*.

Et puisque les devoirs moyens sont d'*un usage très étendu et à la portée de tout le monde, et qu'avec du bon sens et de la réflexion il est aisé d'en faire une habitude*, mettons le bon sens et la réflexion à la portée de tout le monde.

Comment ? Par le développement de notre sensibilité morale et de notre intelligence, ces deux sources du bon sens ; — par un système d'instruction et d'éducation conforme aux données de la science ; — par l'exemple et par la propagande de l'élite sociale.

♦

Bichat a défini la vie « l'ensemble des forces qui résistent à la mort ».

Parmi ces forces, les unes sont physiologiques ; — les autres sont psychiques, car il peut y avoir doublé décadence, précédant la cessation de la vie.

Ces forces sont destinées les unes et les autres à lutter contre toute décadence physique ou morale.

Quelles sont et quelles doivent être les forces qui conditionnent la vie psychique chez l'homme? C'est là notre question.

.

Tout d'abord, l'être-individu vise à créer et à développer *toutes* ces forces de résistance, puisque tout être tend à persévérer dans son être.

Puis, chaque être étant appelé à vivre avec d'autres êtres, et, d'autre part, la nature n'ayant pas distribué automatiquement à chaque être ces forces de résistance, apparaît nécessaire l'intervention de l'État-société pour aider les individus qui le composent comme partie intégrante, et qui ont besoin de son aide dans cette œuvre incessante, inlassable et nécessaire de création et de développement de ces forces de résistance.

Nous aboutissons ainsi à la recherche et à l'analyse des voies et moyens que la conscience individuelle d'une part, et l'organisme social d'autre part, doivent fournir en vue de solutionner cette question sociale, dans tout Etat civilisé, de la création et du développement de ces forces psychiques qui seules nous occupent dans cette étude.

.

Créer et développer ces forces d'abord chez l'individu, telle est la première phase du problème ; cette phase nous apparaît d'autant plus intéressante qu'elle rendra plus facile l'application des voies et moyens dans la seconde phase qui concerne l'État-société, si les premiers résultats sont favorables.

N'est-ce pas avec des matériaux de premier choix employés au début que les constructions humaines s'élèvent plus solides et plus durables ?

Or, tout être, appelé à se procréer, devient ainsi la tige principale de l'arbre à plusieurs rameaux, dont elle est le soutien protecteur.

Cet être devient ainsi un directeur, un chef responsable vis-à-vis des êtres plus faibles qu'il a procréés, que l'instinct et l'intelligence, doublés des lois naturelles, lui commandent de protéger.

Pour remplir son rôle, ce chef responsable doit être juste, tolérant, bon.

*
* *

La famille, ainsi constituée et dirigée par son chef naturel, que devient-elle dans l'État-société auquel elle se rattache de plus en plus par suite des nécessités économiques, grandissantes chaque jour ?

Déversées dans le flot tumultueux et incessant de la place publique, ces familles vont se souder entre elles, constituer des groupements, lesquels composent à leur tour l'État-société.

De même que la nature a créé différents les êtres-individus au point de vue physique, intellectuel et moral, de même apparaissent différentes les familles, indissolublement soudées cependant dans ce vaste réservoir de l'État-société.

Somme toute, éléments individuels et groupements divers font désormais partie intégrante de l'État-société; le contact est obligatoire; le conflit est possible.

Or, partout où des échanges d'idées, de paroles, d'actes viennent à se produire, des droits prennent aussitôt naissance, et engendrent simultanément des devoirs; il y a là corrélation intime et nécessaire.

Ce contact ou ce choc dans les échanges, pour être pacifique et profitable, réclame une **réglementation des rapports**; — des individus entre eux, — des individus vis-à-vis des groupements divers, — des individus vis-à-vis l'État-société; — des groupements entre eux, — des groupements vis-à-vis de l'État-société; — de l'État-société vis-à-vis de tous.

*
* *

Cette réglementation doit être préparée et appliquée par une élite imprégnée des idées de justice et d'altruisme.

CHAPITRE II

Origine et développement des devoirs moyens chez l'être-individu. — Première phase : Dans la famille. — Seconde phase : Dans les associations entre familles.

La constitution de la famille, grâce à son origine si ancienne et si respectée, rend facile l'acceptation d'une discipline directrice, et il est loisible de prévoir que cette discipline s'affirmera, de plus en plus, volontairement consentie par l'effet moral dû à l'autorité de ses chefs, grandissante en équité, en tolérance, en bonté.

Transportée dans l'État-société, cette question de discipline directrice, plus complexe mais en même temps plus répartie parce que plus étendue, s'imposera d'autant plus facilement qu'elle sera préparée et exercée par une élite devenue plus juste et plus altruiste.

**

Quel doit être l'effort individuel et collectif pour atteindre cet objectif, ou tout au moins pour y viser sans cesse comme vers un idéal ?

Il est loisible de le synthétiser ainsi :

A l'état de nature les forts brisent les faibles ; — à l'état familial et social, les faibles doivent être protégés et rester saufs.

La raison humaine, par son développement incessant, peut seule opérer cet effort continu et nécessaire.

Il appartient au xxe siècle de faire monter l'homme de plus en plus à la vie libre de l'esprit vers la raison, vers cet idéal humainement réalisable.

Sans remonter aux grandes épopées mondiales, rappelons les épopées modernes qui ont marqué la marche inlassable du progrès humain vers le beau, le vrai, le juste.

La Renaissance amplifie et développe le culte des belles formes et de la beauté ;

Les xvie et xviie siècles sont l'efflorescence des belles-lettres ;

Le xviiie siècle prépare et la Révolution proclame le culte de la liberté individuelle.

Le xixe siècle s'adonne passionnément aux sciences, découvre, opère et transforme merveilleusement les forces de la nature, et les asservit à l'homme ; l'esprit de l'homme s'élargit, sa raison grandit et son orgueil aussi peut-être.

Le xxe siècle doit achever et rectifier cette œuvre transformatrice en donnant à la raison humaine, élargie par la science, l'appui moral de la conscience.

* *

La conscience ! Elle trouve sa source dans le travail, dans l'effort, en vue d'une fin qui est la vie, avec ses besoins matériels, et avec ses aspirations morales.

Alors la conscience, appuyée sur les certitudes et les vérités de la science, procrée cette sensibilité morale ou sociale qui va s'appeler la Solidarité humaine dans notre terminologie sociologique.

* *

La solidarité éveille deux sortes d'idées : d'abord une idée particulariste, née de l'essence des êtres-individus, se sentant attirés les uns vers les autres ; — puis une idée d'ordre généralisé, prenant naissance dans le premier groupement naturel, la famille ; plus tard, dans les groupements des intérêts collectifs ; finalement, dans le groupement plus vaste, qui les résume tous, l'État-société.

Chez l'individu, la solidarité est et ne peut être que la constitution volontaire et le fonctionnement régulier d'une mutuelle responsabilité. Or, cet état d'âme ne peut être que la résultante d'une parfaite connaissance de la corrélation des droits et des devoirs de chacun.

Ces derniers seuls, trop souvent méconnus, vont retenir notre attention, pour les indiquer et les déterminer d'abord, puis pour rechercher et proposer les moyens les plus propices à leur accomplissement.

.

Essayons, tout d'abord, d'expliquer et de justifier cette corrélation entre les droits et les devoirs, que tous nous proclamons.

Rien ne paraît plus aisé, si l'on veut remonter à l'origine de la nature humaine et constater que chaque être dispose à son gré de lui-même, c'est-à-dire possède une volonté qui lui permet de mettre à exécution tous les actes que sa sensibilité d'une part, et son intelligence ensuite, lui commandent dans son intérêt; tel est le premier usage que lui suggère sa volonté, forme intuitive de sa liberté.

Mais il est constant que cette liberté d'agir exclusivement en sa faveur s'affirme en même temps chez les autres êtres qui sont en contact avec lui, et que ces affirmations peuvent se manifester contradictoires, d'où un conflit possible.

Il apparaît, alors, sagement utile de limiter les causes du conflit, et chacun, dans l'usage de la liberté sous l'empire de sa volonté, doit viser à s'harmoniser avec son associé tenu aux mêmes règles par voie de réciprocité.

Ainsi s'accomplit sans heurt violent la corrélation des droits et des devoirs entre les hommes appelés à vivre en société; ainsi se trouve démontré que le devoir n'est pas et ne peut être en opposition avec la liberté individuelle, et l'on a pu dire avec raison que, par le fait de cette mutuelle et volontaire dépendance entre les associés dans la vie socialisée, le devoir est l'apanage de tout être libre.

**

Il importe de déterminer où et comment, dans une phase préparatoire, il sera facile d'assouplir cette volonté première chez l'individu en vue de le rendre plus enclin vers cette pratique de la réciprocité, d'aide-mutuelle, vers cette solution la plus honnête et en même temps la plus conforme à l'intérêt généralisé comme à l'intérêt privé soit médiat, soit immédiat, car tout intérêt privé qui n'a pas pour base l'honnêteté, quand il n'est pas dommageable à autrui, ne peut avoir que la simple apparence de l'utilité, et non la réelle utilité. S'agit-il de porter atteinte à l'initiative et à l'activité individuelles ? Évidemment non, car ce serait porter atteinte aux forces individuelles qui accroissent la productivité d'un pays, sa richesse, le progrès en un mot.

Mais défions-nous des apparences en tout : justice apparente, erreur ; — honnêteté apparente, erreur ; — utilité apparente, erreur ; — puis l'heure des dangers apparaît ! Pour ne pas être victimes, ne cessons de rechercher et de trouver la conciliation de l'intérêt particulier et de l'honnêteté ; il faut que l'honnête et l'utile soient d'accord, sinon l'utilité particulière se trouve être hors le juste, et porte atteinte à l'utilité générale.

C'est dans la famille que l'être-individu doit apprendre à pratiquer cette réciprocité, cette aide mutuelle, en y puisant les sentiments de justice, de tolérance, de bienveillance.

***

Toute action humaine, individuelle ou collective, qui vient à se produire dans la sphère mondiale civilisée, doit avoir pour base la justice, car toute action troublerait la conscience individuelle et la paix sociale, si elle prenait naissance dans une injustice en violant une liberté ou un droit.

***

Avant tout, l'être-individu, pour agir avec équité, doit rechercher et connaître la vérité ; d'un mot, pour dire *droit*, il doit dire *vrai*.

Or, tout être normal a en lui le sentiment du vrai, comme il a en lui le sentiment du beau, comme il a aussi l'instinct de l'utile ; — tout être occupe dans la famille une situation dépendante et s'agite pour y jouer un rôle ; — tous ces rôles s'entre-croisent et se heurtent, mais aussi se neutralisent et s'harmonisent sous la discipline intelligente et bienveillante du chef de famille.

Alors se développe ce sentiment inné du vrai, par l'influence de l'exemple : si le chef de famille manifeste sa satisfaction d'avoir dit vrai et démontre l'utilité de la vérité pour aboutir à l'action juste, la contagion de l'exemple fera son œuvre, et la satisfaction sera bientôt générale ; le désir de dire vrai est désormais implanté au cœur de chacun des membres de la famille ; l'esprit de justice est en germe dans cette famille.

*
* *

D'après Voltaire, la tolérance serait l'apanage de l'humanité : l'homme est donc procréé pour aspirer vers cette vertu et pour marcher à la conquête de cet état d'âme.

Pour cette conquête, il faut encore recourir au foyer domestique qui renferme, de par la loi naturelle, le germe de toutes les vertus humaines. C'est là qu'il est tout naturel de tenir compte, à l'égard de tous les sujets, dans leur rôle actif ou passif, des divergences de l'intelligence, de l'état sain ou morbide du sujet, des conditions extérieures dans lesquelles l'acte vient à se produire. N'est-ce pas encore, grâce à la direction éclairée et bienfaisante du chef de famille, que le sentiment de la tolérance prendra naissance et se développera ? N'est-ce pas un nouveau témoignage de la perfectibilité intellectuelle et morale de l'être, puisqu'il sait voir, apprécier, juger avec équité, excuser et tolérer même l'acte offensif?

Quelle admirable vertu ! Elle nous semble dépasser en valeur l'indulgence ou la clémence, que des mobiles d'intérêt ont pu inspirer à toutes les époques; la tolérance seule apparaît comme le produit d'une civilisation plus élevée dans une humanité plus cultivée et plus raisonnable.

*
* *

Après avoir dit le vrai, vaincu l'injustice et affirmé le juste, mis en pratique la tolérance, l'être-individu, toujours perfectible, doit se perfectionner encore.

L'atome intelligent se trouve ainsi préparé pour l'accomplissement d'un devoir moral plus délicat et plus doux encore, la bonté ou la bienfaisance, car il faut être *bien préparé* pour sacrifier en partie son propre intérêt.

Pareil sacrifice s'opère facilement dans la vie familiale; il s'y rencontre comme dans son lieu d'origine naturelle. Là se trouve l'amour paternel et maternel, qui s'exacerbe jusqu'au sacrifice joyeux du *soi* pour les êtres qu'il a procréés. Lorsqu'un chef de famille sait ainsi par l'exemple et par ses conseils démontrer les bienfaits de la bienfaisance, en associant à son œuvre d'abord les aînés, puis les plus jeunes, pareil sentiment naît, se développe, s'affirme et s'impose au grand profit de tous et de chacun ; mis ainsi en pratique dans cette atmosphère de fraternité, il va prédisposer chacun à l'accomplissement de pareils devoirs dans la vie sociale. Alors apparaît salutaire pareille doctrine dans l'État-société, et combien sont justifiées les institutions d'ordre général créées dans le même but en vue de parvenir à la pacification, sans ralentir la marche en avant !

*
* *

Puisque le bon sens et la réflexion inspirent ces sentiments de justice, de tolérance, de bonté ; — puisque la mise en œuvre de ces sentiments repose sur la corrélation bien comprise entre nos droits et nos devoirs ; — puisque la vie familiale progresse et prospère sous cette influence bienfaisante ; — pourquoi, en effet, ne pas faire pénétrer de plus en plus dans les mœurs de tout le monde cette idée salutaire que le devoir, accompli dans la vie sociale comme dans la vie familiale, est indispensable pour assurer la sécurité et le bien-être, en un mot, le progrès ? Pourquoi ne pas agir ainsi, puisque la société ne peut progresser que par le progrès des hommes ?

*
* *

La famille reste donc la première et la meilleure école du devoir social ; la famille est le véritable berceau des idées embryonnaires de justice, de tolérance, de bonté ; ces idées, innées chez l'être, s'y développent comme une plante utile et cultivée dans un sol fertile se forme en rameaux et s'échappe au dehors.

L'enfant croit à ce qu'il voit : dessillez ses yeux, montrez-lui les bienfaits et les avantages de la justice, de la tolérance, de la bonté, il croira à la justice, à la tolérance, à la bonté ; il retiendra les bienfaits et les avantages qu'il aura recueillis ; il sera heureux, il voudra que sa joie persiste ; il recommencera.

* *

Veiller à la première efflorescence de l'atome intelligent, développer la sensibilité et l'intelligence, ces deux sources du bon sens : tel est le premier devoir des chefs de famille.

Le cerveau de l'enfant est impressionnable à l'excès ; on a dit avec raison que les premières empreintes restaient gravées irréfragables comme l'empreinte d'un cachet sur une cire molle ; il est bien vrai que les premières impressions sont les moins fugaces et que leurs empreintes demeurent presque ineffaçables ; elles doivent donc être surveillées avec le plus grand soin.

Où ? Dans la vie familiale.

Comment ? Par le chef de famille, instructeur et éducateur.

La famille doit être la première école d'apprentissage pour la vie combative avec toutes ses nécessités et tous ses dangers.

Aussi le principal devoir de l'éducateur est-il d'éveiller chez l'enfant la conscience, le sens intime avec ses phénomènes psychiques, suprasensibles ; cette mission délicate est rendue facile par la confiance que les êtres du même sang s'inspirent réciproquement, par cette similitude des phénomènes physiques et psychiques qui se retrouve chez ces deux êtres, qui persiste chez eux quoique séparés plus tard par le temps ou l'espace, et qui vous permet d'affirmer que tous les faits émotifs, intellectuels, volontaires, chez l'être-individu, naissent, se développent, et reçoivent leur première application dans la famille.

C'est bien dans cette atmosphère morale que la raison peut germer et prendre racine, la raison vraie, exclusive, dans une pareille atmosphère, de cynisme comme d'hypocrisie, exempte de violence comme de faiblesse.

* *

Entre le groupement familial et l'État-société, l'espace est large et la transition est souvent brusque. Quel vide s'ouvre parfois devant l'être-individu qui sort de l'égide familial ! Pourquoi ne pas rechercher un trait d'union entre cette vie familiale et la vie sociale ? Pourquoi ne pas trouver, dans le rapprochement des familles si diversifiées, et dans leur organisation autour de l'école fréquentée en commun par leurs enfants, un germe de solidarité ?

Lorsque tous les chefs de famille seront ainsi groupés, pour le contrôle et la surveillance de leurs enfants au point de vue de l'éducation qui leur appartient, il sortira des consciences individuelles de ces chefs de famille une conscience collective, se résumant dans une formule générale de bon sens et d'honnêteté.

Sous le nom de patronage, Rome a connu cette sorte de famille élargie avec toutes ses conséquences de la vie sociale d'alors. Le patron veillait aux intérêts de son protégé, l'aidait de ses conseils, de son crédit, de son argent : le protégé devenait en quelque sorte le fils adoptif. — Rome avait fait du patronage la gloire du citoyen et la sécurité de l'univers romain ; il était une force de résistance pour le peuple romain.

En transportant l'*idée* dans la cité moderne, tous les citoyens vont être appelés à concourir avec toutes leurs forces agissantes au succès de l'*idée*, et vont devenir les volontaires de cette œuvre si utile à la pacification des esprits ; chacun, en respectant la liberté des autres, verra sa propre liberté respectée, et de ces groupements fédérés entre eux sortira une pensée libre et réfléchie sur la meilleure éducation de leurs enfants.

Cette pensée survivra et se retrouvera entre les mêmes hommes de bonne volonté qui poursuivront avec ardeur cette œuvre de l'éducation dans les œuvres post-scolaires de toute nature dont la nécessité s'impose de plus en plus pour la sauvegarde de notre jeunesse.

**

Cette organisation des familles ainsi comprise et mise en œuvre devient le premier groupement social, peut-être le plus important ; car, il donne naissance à cette discipline volontairement consentie, prédispose les esprits à un premier sentiment de solidarité. Puis nous retrouverons encore cette méthode salutaire plus agrandie et plus élargie, dans les œuvres d'associations de toute nature que l'État-société autorise et subventionne, et dans lesquelles les habitudes de bonne camaraderie s'ébauchent et mènent au renforcement des liens de solidarité entre les associés.

**

Telle nous apparaît la première résultante de cette corrélation du juste et de l'utile, opérée dans la famille d'abord, puis entre les familles, avec cette devise : « Tous pour chacun, chacun pour tous ».

L'attirance du sang et la co-habitation, l'autorité bienveillante et ferme des chefs de famille, sont les éléments naturels qui facilitent cette conciliation. Et, sous l'empire des nécessités économiques, grâce aux mœurs plus socialisées, cette conciliation du juste et de l'utile grandira et s'élargira; ce sera le règne de la vraie liberté pour chacun, de la paix et de la sécurité pour tous.

Le viatique va se trouver ainsi donné à chacun lors de son entrée dans la vie combative : il appartient alors à l'État-société de grouper et de discipliner toutes ces forces vitales ainsi créées, et de parachever cette œuvre de solidarité ébauchée dans les premiers et les plus naturels groupements humains.

**

A la fin de cette première étude très sommaire, il nous paraît utile de consigner deux observations :

Premièrement : Puisque les êtres-individus ont des intérêts indéfinis, jamais satisfaits; — puisque ces intérêts sont d'abord en contact, puis en conflit, il en résulte nécessairement avantage pour les forts, désavantage pour les faibles.

Secondement : En face de cet état de choses se dresse le droit, force morale positive; — la justice, force répartitive et équitable du droit; — deux forces sociales servies par la raison, se manifestant inlassablement par des actes de redressement et de protection pour maintenir l'équilibre social.

Aussi l'être-individu peut-il maintenant entrer en scène et jouer son rôle dans l'État-société. Armé de ces forces de résistance qui lui ont procuré la vie libre de l'esprit, il peut devenir sous l'égide de l'État-société un citoyen utile.

Nous allons le suivre dans son développement d'être-social.

CHAPITRE III

Développement des devoirs moyens chez l'être-social. — Premièrement : Dans les associations mutuellistes, dans les coopératives, dans les syndicats professionnels. — Secondement : Dans l'État-société par les lois de protection et de défense sociales.

L'État-société tend de plus en plus à s'organiser socialement, *à se socialiser*.

Pour atteindre par voie d'évolution ce but, idéal de toute cité moderne, l'État-société a le premier devoir de maintenir à sa base la justice sociale, de l'imposer à tous, et de la faire respecter par tous : toute injustice sociale doit être réparée, au besoin par de nouvelles lois de redressement de tout acte reconnu contraire à la justice, ce qui n'exclut pas les sages mesures d'apaisement.

* *

L'œuvre familiale que nous avons analysée,

n'est pas et ne peut être ni générale ni parfaite; limitée dans ses moyens, comment le serait-elle avec la multiplicité des êtres qui composent une famille, si variés aux points de vue physique, de l'intelligence et du caractère ? D'autre part, le chef de famille n'est-il pas souvent débordé par ignorance, par faiblesse, par impuissance ?

*
* *

C'est dans ces conditions que chaque famille déverse, pour ainsi dire automatiquement, tous ses membres tels qu'ils sont, bons ou mauvais, solides ou faibles, intelligents ou non, dans le flot social : les conflits vont naître du contact ; l'agitation s'ensuit et devient quelquefois tumulte et désordre.

L'État société doit surveiller, prévenir et réglementer cet antagonisme par une direction prévoyante et par une discipline librement consentie ou légalement organisée.

*
* *

C'est ainsi que les individus ou les associations formées entre eux, donneront leur *maximum* d'utilité sociale dans une paix intérieure.

Donc, l'État-société, par ses représentants légitimes, a pour mission première de diriger et discipliner le flot incessant et varié des individus accourus de toute part, et cherchant tous leur place au banquet de la vie.

*_**

Cette lutte pour la vie, avec ses inégalités entre les lutteurs, n'est-elle qu'une sorte de fatalité constitutionnelle? Qu'importe! Elle est *là*, inéluctable.

Quelle que soit la cause de cette lutte, il appartient à l'État-société d'en affaiblir l'acuité, et de rapprocher et concilier les lutteurs. — Il appartient à ses représentants légitimes, élus ou sélectionnés, constituant une élite intellectuelle et morale, de signaler et de redresser tout acte contraire à ce qui est juste, de provoquer et recourir à une législation nouvelle si besoin est, de faire prévaloir et de donner, dans le domaine de l'activité sociale, les moyens et les forces voulus pour éliminer les abus, apaiser les souffrances, pour assurer invariable et souveraine la justice à tous ceux qui ont accompli leurs devoirs. Le temps a déjà fait son œuvre; nous voyons ainsi que les résistances des privilégiés ne sont plus aussi aveugles ni aussi tenaces, de même que nous constatons avec joie que les incapacités des démocrates s'estompent de plus en plus et cessent d'être rancunières.

*_**

Pour tous aujourd'hui, la notion du juste apparaît sous son véritable jour, et repose sur ce principe juridique éternellement vrai : *Suum cuique*; car ce qui est juste en principe, sous la seule réserve des droits dûs à l'invalidité, c'est bien la participation *au produit* d'après la participation à la *production*.

*
* *

L'action de la justice seule peut et doit suffire à la préservation sociale; aussi la suprématie de l'autorité judiciaire s'affirme et s'impose.

Bien fol apparaît le système de quelques politiques qui vont jusqu'à refuser une existence indépendante au pouvoir judiciaire, et veulent ne le voit agir que dans une sorte de sujétion vis-à-vis des pouvoirs législatif et exécutif.

Quels dangers pour une nation qui serait soumise à pareille constitution politique!

Vouloir anéantir ou réduire l'autorité judiciaire, c'est, sans aucun doute, si l'on veut éviter l'anarchie, vouloir élever l'autorité administrative, doublée de la police devenant ainsi son auxiliaire plus indispensable que jamais.

Or, l'histoire nous apprend que l'autorité administrative, ainsi renforcée par la force des choses, ne peut se soutenir longtemps, si les corps judiciaires tombent dans un état de faiblesse et d'impuissance.

Aussi, dans toute nation désireuse d'harmonie sociale, l'action du pouvoir judiciaire doit être de plus en plus consciente, énergique, continue, pour limiter toutes les interventions étrangères, pour apaiser et résoudre les conflits, pour pacifier les esprits.

C'est aussi le meilleur moyen d'assurer la stabilité d'un régime politique, de désarmer les partis, de les fusionner, sous l'égide de lois justes et de décisions équitables : n'est-ce pas à la source de justice que chacun va trouver le germe de l'honnêteté, calmer la soif de ses passions, et puiser le réconfort de moralité ?

*
* *

A côté des lois de justice, les lois de protection deviennent nécessaires.

Aujourd'hui chacun de nous est devenu vulnérable au cours des fonctions qu'il remplit dans notre vie sociale devenue si combative. Tous les peuples civilisés l'ont bien compris, et ce n'est pas trop s'aventurer que de proclamer que le consentement unanime à ce sujet des peuples civilisés, tient place de loi naturelle ; chez tous ces peuples, en effet, il y a impulsion donnée et concurrence ouverte dans cette voie de la protection sociale accordée à l'individu par la loi.

Les exemples à citer de toutes parts sont nombreux, et le deviennent encore davantage, tant par la force même des situations économiques nouvelles, que par l'urgence et la réciprocité toujours croissante des besoins qui en découlent.

* *

Dans une étude si sommaire, il n'est possible que de rappeler quelques-unes de ces lois déjà votées par le Parlement français, parmi lesquelles les unes sont acclimatées définitivement et ne demandent que des retouches que leur applicabilité révèle ; — les autres sont plus jeunes dans leur évolution normale ; — d'autres encore sont seulement embryonnaires, mais toutefois d'une vitalité certaine ; — la loi sur les accidents du travail, avec ses extensions successives à toutes les catégories de travailleurs ; — la loi sur le travail protégé des femmes et des enfants toujours en voie d'évolution meilleure, ayant déjà permis d'ouvrir la voie à une réglementation générale des heures de travail pour tous les travailleurs ; — les lois déterminant et appliquant les conditions d'hygiène dans les usines et les ateliers ; — la loi sur le repos hebdomadaire obligatoire, exceptionnellement suspendu mais réglementé et compensé ; — la loi des finances avec un crédit pour secours en cas de chômage forcé, embryon légal de la protection si légitimement due au travailleur que le sort frappe avec autant d'aveuglement que d'injustice ; — *en pers-*

pective, une loi sur le contrat collectif du travail que les relations nouvelles dans les relations du capital et du travail rendent nécessaire; — puis une autre loi sur l'arbitrage obligatoire en vue d'éviter les grèves si désastreuses pour les deux parties en lutte, et au détriment du pays entier, ou tout au moins en vue d'amortir le plus possible le choc violent et les effets toujours douloureux.

La liste est déjà longue; quel indice consolateur et réconfortant pour le monde du travail dans cette unanimité des efforts continus et de bonnes volontés qui tendent à compenser, par une protection de plus en plus élargie, de plus en plus certaine dans l'avenir, les durs labeurs des travailleurs !

* * *

Si nous pénétrons dans un domaine plus spécialisé, celui réservé à l'assistance sociale, c'est avec la plus vive satisfaction que nous saluons, enfin, la proclamation du droit à l'assistance sociale, si longtemps réclamé, discuté et retardé; et cependant pour les humanitaires et pour les prévoyants, il apparaissait que le législateur n'avait qu'à le consigner sur les tables de la loi afin de le réglementer au mieux de l'intérêt général.

C'est fait : ce droit, à la fois juste et salutaire, est inscrit dans nos codes, et nos législateurs ont su l'organiser utilement par le fait du concours normal et réfléchi des collectivités intéressées, l'État, le département, les communes ; ainsi est arrachée à l'avilissement de la misère la plus douloureuse comme la plus dégradante, la catégorie la plus respectable des citoyens de la même patrie, les vieillards impuissants, abandonnés.

*
* *

Il nous vient à l'esprit un vœu qui peut trouver sa place à la suite : si l'assistance aux vieux lutteurs épuisés est un devoir social, l'aide aux jeunes générations comporte à la fois un devoir et une utilité de même ordre.

Les jeunes générations sont l'avenir de la nation ; les esprits les plus clairvoyants ont pris l'initiative, et grâce à eux de grandes et de petites cités ont créé la cantine scolaire, le vestiaire scolaire ; d'autres, encore, plus hardis, dans une pensée commune d'une solidarité plus élevée et plus prévoyante, ont organisé ces colonies de vacances où les enfants les plus déshérités trouvent le bon air, la santé et la joie d'un séjour à la montagne ou à la mer, tout comme les enfants des autres familles plus favorisées.

Puissent ces exemples devenir de plus en plus fréquents ! En donnant aux jeunes générations la santé, vous donnez aussi une satisfaction morale aux parents, vous assurez de plus en plus la pacification dans le présent, et vous préparez des générations plus fortes et meilleures dans l'avenir.

**

Enfin, à côté de ces lois de protection sociale, l'État-société va promulguer certaines lois que l'on peut qualifier de lois de défense sociale, en vue de déterminer, de régler et de contrôler toutes les institutions soit d'ordre particulier ou privé, soit d'ordre collectif qui se rencontrent dans toutes les sociétés civilisées, et qui, dès lors, peuvent entrer en conflit, qu'il convient de limiter et d'arrêter parfois par crainte d'une anarchie, prélude de décadence dans toute collectivité.

Dans l'ordre privé, ces lois qui, par leur nature et leur objet, peuvent être limitatives du droit individuel absolu, ne peuvent, d'ailleurs, se justifier et recevoir, dès lors, une application normale, que si elles ont finalement pour but la protection légitime et consciente du droit individuel, envisagé, comme de raison, à la lueur du droit supérieur de stabilité et de durée pour la collectivité.

**

Telles sont nos lois qui règlent nos institutions d'ordre privé, notamment la constitution et le fonctionnement de la famille, l'ordre des successions, la propriété, qu'elle soit individuelle, communiste ou collective.

Ces lois, conformes à la nature, sont ou paraissent être intangibles; et cependant leur ancienneté et leur renom universel ne les ont pas mises à l'abri des poussées modificatives dont les échos se sont fait entendre lors de discussions les plus intéressantes, déjà suivies de lois votées ou préparatoires de lois futures; — tant est puissante et régulière la marche du progrès que la science du droit, comme toutes les sciences, cède et se plie aux perfectionnements d'une vie sociale plus civilisée ?

.*.

Dans l'ordre général, nos institutions reposent et reposeront nécessairement toutes sur les principes combinés du droit positif et de la liberté; ainsi, à part quelques restrictions apportées, plutôt oubliées dans nos textes que suivies dans l'usage, appelées à disparaître à leur tour et bientôt, nous avons la liberté de la parole, de l'écrit, de réunion, d'association, de coalition et de grève. En accordant à chacun l'exercice conscient et normal de pareils droits de liberté, n'ayant pour limites que les mêmes droits de liberté chez les autres, qui peut nier les bienfaits d'une pareille organisation sociale garantissant à l'individu l'usage conscient de sa liberté, et assurant à la collectivité la durée et le progrès dans la paix et la sécurité ?

**

Si l'individualisme peut sembler encore être une des caractéristiques de notre époque, il est juste, toutefois, de reconnaître que, sous l'impulsion des manifestations qui se produisent dans le domaine économique, notre génération, de plus en plus imbue du progrès scientifique, a tenté d'ébaucher et d'élargir l'œuvre de reconstitution des forces individuelles associées, comme devant être la source inaltérable et l'officine inlassable où s'élaborera et se développera le devoir social à remplir par tous dans l'avenir.

**

Telles sont déjà, telles seront de plus en plus ces associations de toute nature et de toute forme, ayant pour objectif la protection de l'individu, impuissant dans son isolement, entrant librement dans le groupement qu'il a choisi pour se rapprocher de ses camarades, se trouvant pour ainsi dire lié à eux par l'effort commun, enfin se sentant réconforté et soutenu pour la mêlée sociale.

Or, ces associations ne peuvent avoir leur développement normal et conquérir une autorité bienfaisante, que si, dans ce groupement comme dans une famille élargie, l'intérêt individuel et l'intérêt commun, dans leur contact et surtout dans leur conflit, sont également étudiés, discutés, conciliés ou compensés dans une même pensée de justice et de solidarité.

*
* *

C'est sous le souffle vivifiant de la liberté que se sont développées et que se développent chaque jour, en première ligne de bataille pacifique, ces admirables Sociétés de Secours mutuels aux formes multiples, prenant l'individu à l'école et le suivant, sans l'abandonner un seul instant, dans tous ses efforts au cours de son existence et jusqu'à la fin, toujours prêtes à lui donner son aide matérielle comme son encouragement moral. — Puis, voici ces ingénieux Syndicats professionnels que la loi a voulu voir toujours dévoués à l'intérêt professionnel et en même temps à l'individu, *car l'énergie pour produire doit être organisée,* — et encore ces Coopératives de consommation de plus en plus nombreuses et de plus en plus perfectionnées dans leur organisation, — et plus rares parce que plus coûteuses dans leur création et dans leur mise en mouvement, ces coopératives de production et de vente.

Toute cette activité coopérative témoigne d'une activité clairvoyante et méthodique; elle est le prélude d'une nouvelle organisation sociale, indispensable pour assurer la vitalité d'un peuple, son progrès en civilisation.

* *

Si l'intérêt social commande l'existence de ces associations, l'État-société, en qui se résume cette utilité commune avec charge d'y faire face, a donc le devoir d'accorder son patronage à ces associations ; il le fait déjà et il le fera davantage en favorisant leur développement par des mesures légales protectrices, et en facilitant les œuvres entreprises par des subventions.

* *

A l'heure présente, dans cet ordre d'idées, vient de s'affirmer l'œuvre colossale des retraites ouvrières et paysannes, par la coopération la plus étendue des forces sociales. La voix populaire les réclamait à bon droit ; elle a été étendue par une élite de penseurs et d'hommes politiques.

La loi, qui les consacre et qui repose tout entière sur le principe de l'obligation, c'est-à-dire d'un devoir social, a été l'œuvre réfléchie de ces intellectuels agissant sous l'empire de la justice, de l'altruisme, de la prévoyance. Quel serait aujourd'hui l'imprévoyant assez osé pour faire obstacle à l'exécution de cette loi de pacification, de préservation sociale, et d'une philosophie si humanitaire ?

Quel exemple et quel encouragement pour poursuivre sans arrêt notre développement scolaire, et pour répandre chez le plus grand nombre ces idées de justice et de solidarité? N'est-ce pas dans nos écoles que cette élite a recueilli les bienfaits d'une instruction scientifique et intégrale, et les principes de la plus salutaire moralité?

**

Comment ne pas insister sur la nécessité de notre développement scolaire, en présence des défaillances individuelles trop nombreuses, si l'on veut sincèrement éveiller dans les consciences le sentiment du devoir à accomplir?

Personne ne peut plus contester à l'heure actuelle le relâchement dans les fonctions ou la mollesse dans le travail chez un trop grand nombre; il apparaît pour tout observateur un peu attentif que quelques-uns cherchent à se désintéresser du rôle qu'ils ont demandé à jouer dans la machine sociale, à se dégager de tout effort dans le travail.

Nous avons vu pratiquer l'indifférence et jusqu'à l'inattention, cause et prélude de conséquences funestes, tant au point de vue de l'effet matériel immédiat, qu'au point de vue éventuel et plus grave encore de l'effet moral.

Il y a donc là un malaise qui en empirant peut devenir dangereux; pour l'enrayer, il faut rechercher et reconnaître l'origine de cet état d'âme funeste et contagieux.

*
* *

Trouverons-nous son origine dans la crise d'arrivisme outrancier que nous venons de traverser ? Peut-être, car tout arriviste ne peut que devenir indifférent, grâce à cette tendance marquée à la disparition lente et graduée de tout effort professionnel, puisqu'il n'a eu besoin d'aucun effort intellectuel et moral jusqu'au jour où il a été le favori de l'intrigue et de la fortune; de quelle grâce providentielle serait-il frappé pour devenir un travailleur conscient ? En attendant, il reste là, bien en vue.

Les dangers de tels exemples ont apparu si graves, que l'opinion s'est émue, a protesté, a été entendue ; on a cherché des mesures de sauvegarde pour l'avenir, et, par là, on a sans doute fait œuvre salutaire *de ce côté*.

Mais, hélas ! l'effet moral s'était répandu comme un flot descendant d'en haut et avait causé des désastres dans la plaine.

Ceux d'en bas regardent dans leur simplisme les succès et le bien-être immérités de ceux d'en haut, cédant au penchant si facile de l'envie, ont songé à leur tour qu'ils avaient *intérêt* à conquérir le bien-être sans effort et si possible sans responsabilité ; ils ont mis alors en pratique la théorie de l'indifférence et de la mollesse, ils ont supprimé l'effort, ils sont devenus de *véritables arrivistes.*

*
* *

L'heure est décisive ; il faut que tous les hommes qui ont, dans l'âme, le germe de l'honnêteté protestent contre de telles défaillances, et luttent pour les vaincre ou les réduire.

Après les palliatifs du moment, songeons sans cesse au véritable et salutaire remède, au développement chez l'être-individu des idées de justice et de solidarité, par l'instruction, par l'éducation, par l'exemple donné d'en haut par les élus et les sélectionnés.

CHAPITRE IV

Instruction scientifique. — Intégrale. — Professionnelle. — Développement de la moralité par la science. — Développement de la solidarité par la raison.

Si l'atome intelligent n'est pas le même dans chaque être ; — si les dons naturels de chacun doivent être respectés et même favorisés ; — il serait à la fois déplorable et inutile de contraindre un individu à absorber une nourriture intellectuelle contraire à ses capacités.

Tout sera donc pour le mieux général et particulier à la fois, si l'on analyse et si l'on favorise les dispositions et le goût de chacun, et si l'on arrive à savoir tenir compte de l'avenir des gens pour telle sorte d'étude. Pareil procédé ne consiste, en somme, qu'à seconder l'œuvre initiale et indicative de la nature, et ne fait pas obstacle à la constitution d'une association de plus en plus élargie de penseurs à l'esprit libre, par les voies et les moyens équitables et pratiquement réalisables en vue de l'utilité générale.

⁂

Dans tout État civilisé l'intérêt social est que les fonctions se divisent et se subdivisent, afin que les actes d'utilité générale soient rapidement et mieux executés ; — cette division du travail n'implique pas que tout individu doit savoir les mêmes choses, mais, au contraire, commande que tout individu doit apprendre et savoir en raison et en vue de la fonction qui lui est destinée.

Aussi, comme le travail fourni par chacun est profitable à tous, il s'ensuit que les producteurs d'activité sociale sont, les uns à l'égard des autres, des citoyens égaux en droits et en devoirs dans la même démocratie.

⁂

Pour cela, il faut, *avant tout*, que tous soient appelés sans distinction d'origine, de richesse ou de pauvreté, en raison seulement des valeurs intellectuelles et morales de chacun. Pour tous doit être ouvert l'accès à tous les degrés de l'instruction à la suite de concours déterminés, gradués, annuels.

L'élimination d'abord, puis la sélection opérera le classement méthodique des individus les plus intelligents et les plus utiles à l'État-société ; c'est ainsi, qu'à l'exemple de la nature, il peut être procédé, mais à charge de réglementer avec équité les conditions des épreuves éliminatoires, de procéder avec impartialité à une sélection variée des sujets, et d'accorder le *maximum* de bourses, comme le demande, chaque année, avec tant de justesse, la Ligue de l'Enseignement laïque. Tel nous paraît devoir être notre objectif présent ; il ne faut demander que les choses réalisables et compatibles avec la mentalité ambiante du présent.

***

Avoir toujours les yeux tendus vers cet idéal de l'instruction intégrale pour tous ; — avoir la loyauté et le sens pratique de la donner au plus grand nombre en vue d'agrandir et d'élargir l'œuvre de sélection pour les générations à venir. — N'est-ce pas là la pensée commune des meilleurs esprits, pensée que les plus pusillanimes gardent *in petto*, que les plus braves osent proclamer comme une vérité aussi inéluctable qu'elle est tangible ?

***

La constiution d'une élite intellectuelle dans de telles conditions, par la voie d'une sélection basée sur les qualités de l'élu, ne nous semble pouvoir froisser aucune conviction sincère et désintéressée.

Qui donc peut redouter le règne de la science, le règne de la raison ? Dans un État social rationnellement organisé, la démocratie peut vivre en bonne intelligence avec la *sophocratie*, puisque l'une et l'autre veulent assurer à tout le monde la plus grande somme de liberté, de paix, de sécurité et de bien-être.

*_**

Mais, dira-t-on, combien sont différents les procédés d'action de part et d'autre ?

Si la résultante finale est la même, le temps saura effacer le souvenir des procédés mauvais ou dangereux pour la paix sociale de l'heure présente. Ne voyons-nous pas des forces contraires agissantes pour atteindre le même but si ardemment désiré, par exemple, la paix universelle ?

— d'une part, les pacifiques la préparent par les voies d'une évolution raisonnée et prudente ;

— d'autre part, les antimilitaristes croient pouvoir y atteindre par les moyens révolutionnaires;

— d'où la nécessité de recourir à des accords internationaux pour les uns et de limiter les ardeurs des autres par des mesures légales de défense sociale.

En somme, l'humanité, qui progresse de toute part, repousse l'absolu, et, comme tel, la théorie fataliste du surhomme qui conduit au despotisme de l'un et à l'esclavage des autres. Elle marche au but désiré de tous, d'un pas régulier et de plus en plus assuré, sous la ferme impulsion des volontés de plus en plus éclairées.

* *

La science, en effet, inspire à l'homme le sentiment d'un devoir social ; si elle rend la vie matérielle plus facile par ses découvertes, elle ouvre à l'homme l'horizon des jouissances morales par le devoir accompli ; grâce à son essence constitutionnelle qui est la perfectibilité, elle se garde des assertions dogmatiques, elle consacre le principe salutaire de la relativité, et c'est ainsi qu'elle collabore à l'affranchissement des esprits par le développement normal de la raison, — à l'inverse des religions toutes basées sur l'immutabilité de la foi et sur l'immobilité des dogmes, perdant ainsi, à chaque substitution des rites et dans chaque succession des dogmes, toute autorité morale, sous l'éclat des lumières de la science éclairant et guidant la conscience de l'homme.

* *

Mais, dira-t-on, si la science façonne les esprits, elle dessèche les cœurs par son positivisme exclusif de tout idéal. Erreur ou subtilité : la science a pour compagnon fidèle et libre l'art, c'est-à-dire la poésie, la statuaire, la peinture, la musique ; — l'art, par l'expression de la beauté, touche à l'idéal rêvé, repose l'esprit, équilibre la pensée et réalise l'œuvre morale ; — l'art est ainsi un élément qui facilite le progrès de l'homme, pour assurer le progrès social.

Aussi est-il permis d'affirmer que la science et les beaux-arts, qui doivent avoir leur place au foyer domestique comme dans nos institutions collectives, associés l'un et l'autre pour l'œuvre du progrès, sauront le réaliser chez les races humaines qui ne sont pas immobilisées et pour ainsi dire figées par des lois d'un caractère politico-religieux.

***

En somme, il nous apparaît avec certitude qu'un rapport pré-existe entre les institutions d'un peuple et les mœurs de ce peuple ; — que les unes exercent sur les autres une série d'influences dont les effets se répercutent avec d'autant plus d'intensité que leur concordance est plus parfaite.

Aussi nos lois de protection et de défense sociale ne doivent pas être inaccessibles à la mentalité du plus grand nombre, si l'on veut que ces lois soient ratifiées et pour ainsi dire volontairement consenties.

Or, la chose est fatale, la loi naturelle le veut ainsi ; voyez les manifestations spontanées du peuple, les explosions de sympathie et de pitié pour toute victime, ses révoltes de colère contre toute injustice criante; tel est bien là la preuve de son amour inné pour la vérité qui lui est démontrée, pour la justice qui lui est offerte.

∗∗∗

C'est donc aux élus et aux sélectionnés de faire apparaître la vérité et de dire le droit; de diriger et d'orienter la machine sociale par la vérité et par le droit; — de rendre la justice avec impartialité et bonté.

C'est aussi dans un pays de suffrage universel, sans tendance anarchique conduisant à la désagrégation du corps social, plus encore que dans tout autre pays moins avancé en civilisation, qu'il est nécessaire que les délégués, émanation de la volonté du grand nombre, inspirent le respect et la confiance. La sécurité et la durée du corps social exigent qu'il en soit ainsi par le maintien intégral et incontesté de leur autorité nécessaire.

∗∗∗

Cela est si vrai que, lorsque le droit est violé, vous voyez une angoisse, puis une agitation se produire dans les masses profondes du peuple, en même temps que l'élite des intellectuels, savants ou intuitifs, va élever la voix et réclamer la vérité et la justice.

C'est ainsi que l'affaire d'un seul devient l'affaire de tous, et qu'apparaît formidable et irrésistible l'accord de ces deux forces sociales, l'élite et le peuple, marchant ensemble à la découverte et à l'affirmation de la vérité pour réclamer le droit, réparer l'injustice, accélérer la marche du progrès.

***

J'entends toutefois encore une voix qui me dit : « Il est plus aisé de combattre la peste ou le choléra qu'un sentiment populaire. » — Voix anonyme devenue honteuse sans doute; pour ma part, je ne veux plus savoir qui a dit cela, et je me hâte de répondre en appelant à mon secours notre méthode de travail à la fois si chère, si loyale et si sûre; je recours à nos procédés scientifiques, à l'instruction et à l'éducation pour tous, ces deux sœurs libératrices. Ne sont-elles pas les deux plus puissants instruments pour battre en brèche et réduire tout sentiment populaire imprévoyant ou dangereux? Ne sont-elles pas l'une et l'autre les meilleures collaboratrices pour détruire les préjugés, redresser les caractères, refaire les mentalités de l'être-individu, de l'être-social aussi?

Cette méthode, il est vrai, pourra être lente, puisqu'elle est nécessairement l'œuvre du temps, mais elle peut être hâtive par la volonté directrice de l'élite sociale.

Que cette élite le veuille avec résolution, et, cela ne suffisant pas encore, qu'elle se fasse propagandiste ardente par devoir social ; — qu'elle agisse avec conviction et avec tact ; — qu'elle sache créer autour d'elle une ambiance de sympathie qui amène la confiance et avec elle l'autorité morale nécessaire pour éclairer les consciences individuelles, abattre les préjugés et les erreurs, discipliner les volontés, et assurer le triomphe de la vérité.

*
* *

... Nous sommes toujours en marche vers un état de civilisation supérieure.

CONCLUSION

Nous pouvons maintenant résumer notre thèse : Nous avons voulu, tout d'abord, montrer l'être-individu volontairement discipliné dans la famille par une instruction et une éducation reposant sur les idées de justice, de tolérance et de bonté ; — plus tard, nous l'avons trouvé armé de ce bagage lors de son entrée dans la mêlée sociale — sachant que désormais, s'il a des droits à exercer, il a également des devoirs à remplir, — apprenant chaque jour que pour assurer l'exercice de ses droits, il doit se soumettre, comme il l'a fait dans la famille, aux mêmes forces positives et raisonnables, transcrites au profit de tous, sous les noms de lois de défense et de protection sociales. — Voilà les devoirs moyens qui incombent à tout être-social.

Nous sommes arrivés à pouvoir proclamer sans hésitation que l'intérêt général bien entendu, comme la morale scientifique, président à cette corrélation intime et nécessaire des institutions d'un peuple et des mœurs de ce peuple ; — à pouvoir affirmer sans crainte que plus nous aurons aidé l'être-individu à progresser grâce aux bienfaits de l'instruction et de l'éducation, plus nous aurons travaillé au progrès de la société.

*
* *

Il est donc vrai de dire que la raison est appelée à parachever toute œuvre humaine, comme la violence reste le fait animal.

*
* *

Il est donc vrai de dire que l'avenir social, le meilleur, appartient à l'homme gravitant de plus en plus vers l'idéal de la raison ; — quand le plus grand nombre, — tout le monde si possible, — aura compris que l'altruisme est un acte raisonnable, *intéressé*, qu'il est le *devenir* de l'homme social, la société sera dans la véritable voie du progrès.

*
* *

Notre thèse visait à définir quelles étaient les forces psychiques de résistance à la mort, c'est-à-dire la dissociation et la fin de tout être-individu ou social, et quels étaient les voies et moyens les plus propres pour procréer et développer ces forces.

Dans notre analyse, nous avons classé ces

forces en deux groupes, les forces psychiques de l'individu et les forces morales et légales de la société. — Puis nous avons préconisé les efforts et les méthodes les meilleurs pour les créer et les développer chez l'être-individu d'abord, puis chez l'être-social.

Dans notre synthèse, nous disons notre foi dans la science pour développer notre raison et pour éclairer notre conscience, et nous saluons avec confiance l'avènement plus ou moins rapproché de la solidarité sociale.

∗

Volonté réfléchie ou rationalisme, association organisée ou socialisme, solidarité légale ou interventionisme, — tel sera le règne de la raison et de la justice.

∗

S'il est vrai que l'homme, dans son isolement, peut rester l'esclave des forces de la nature et de la fatalité, l'homme, dans l'association entre citoyens, devient de plus en plus rationnellement le maître de ces forces; il les gouverne de par sa volonté organisée avec d'autres volontés; il soumet les réalités aux règles des intelligences coordonnées; il gravite vers le progrès.

∗

Arrière toutes pensées de recul, que les pessimistes appellent l'inutilité de l'effort individuel d'une part, et l'inertie des forces socialisées d'autre part.

Arrière pareil système de découragement et d'avilissement, si nous voulons éviter à notre association nationale la décadence et la chute finale.

ANNEXES

Lettre de M. Jacomet, procureur général.

Bastia, 28 Octobre 1910.

....

Je viens de relire avec un intérêt de plus en plus soutenu votre remarquable *Essai de Solidarité sociale*; quand je dis « relire », je ne dis pas asssez ; j'ai *vécu* vos fortes et saines pensées qui ont fortifié les miennes.

Vous avez assez solidement appuyé votre système sur les bases du rationalisme éclairé, et quand on vous a suivi jusqu'au bout, on découvre sans peine le *critère* de la morale qui tourmente tant notre pauvre humanité. C'est un peu de sa faute, car elle s'est trop attardée aux concepts surannés d'un traditionnalisme anti-scientifique, par conséquent amoral, au lieu de chercher en elle-même, dans les seuls rapports que commandent l'identité et l'indivisibilité de nos intérêts, les solutions pouvant satisfaire à la fois la conscience individuelle et sociale dont la soudure doit être complète. Vous avez, mon cher ami, trouvé la bonne solution.

On sent bien, comme dit Montaigne, que ces troublantes questions étaient depuis longtemps « en gestation au dedans de vous », et vous les avez fait sortir avec toute l'autorité d'un maître.

Et quand vous dites aux hommes ce qu'il faut pour arriver au bonheur, on s'aperçoit que votre esprit toujours alerte s'est échauffé au contact de votre cœur. Après avoir été un penseur, — un sage, auraient dit les anciens Grecs, — vous devenez un apôtre. Aussi votre style, d'une facture aussi précise que naturelle, ne connaît ni la sécheresse, ni la pesanteur des outranciers de l'abstraction ; il nous révèle bien, dans la transparence de l'idée se reflétant dans la forme, le savant, le philanthrope et le magistrat, que nul n'aime et apprécie plus que moi. Ainsi votre livre sera une bonne action.....

Lettre de M. Millerand, député, ancien ministre.

Paris, 23 Novembre 1910.

Mon cher Ami,

Je viens de lire les épreuves de la brochure que vous avez faite ; elle m'a beaucoup intéressé et je ne puis que vous féliciter d'avoir mis sur le papier ces fortes pensées..... Votre intéressant *Essai* est un nouveau témoignage de votre attachement aux idées politiques et sociales que vous n'avez cessé de défendre.

Lettre de M. Alphandéry, président honoraire.

Chaumont, 1ᵉʳ Février 1911.

....
Votre *Essai de Solidarité sociale* atteste une foi

laïque qui honore son auteur, lequel, avec raison, s'est gardé de toute controverse religieuse.

Mais que devient l'atavisme dans cette étude ? Au dehors, on se heurte partout à lui ; quel beau rêve que cette souveraineté du devoir guidé par la conscience......Quand la raison triomphera-t-elle?

Est-ce à dire que vous ne proposez pas d'admirables principes, que votre livre n'est pas venu à son heure et qu'une société pouvait subsister sans des esprits cultivés, généreux, tolérants, les yeux toujours tournés vers l'idéal du bien. Mais que de ténacité, de persévérance, que d'années il faudra pour mettre l'individu à l'abri des régressions, le discipliner, le conduire au bien, au progrès et paralyser ces entrepreneurs de catastrophes. Cela dit, je vous félicite sans restriction du talent que vous avez montré, de la clarté de votre style, de votre méthode, et du bien que vous avez tenté.

Heureux ceux qui en verront la réalisation.....

Lettre de M. Vinci, avoué plaidant, ancien délégué financier, V. P. de la D. F. (Algérie).

Mascara, 13 Février 1911.

....

J'ai lu et relu l'*Essai de Solidarité sociale*..........
.....Il y a dans cette brochure de 120 pages plus de choses généreuses et fortes que dans maint in-folio.

Ce que j'admire en vous, c'est votre foi robuste dans le progrès humain. Vous dites : « Nous sommes toujours en marche vers un état de civilisation supérieure.»Voilà la parole d'un «ancien».—La génération subséquente à laquelle j'appartiens, impressionnée par la régression de l'humanité, par ses lenteurs incompréhensibles dans la marche vers le mieux, est parfois pessimiste.

Elle s'impatiente de la persistance de l'égoïsme du tiers Etat, des barbaries de la guerre, des gaspillages de la paix armée, des tâtonnements de la justice, de la contagion de l'arrivisme, de la superposition grandissante des nullités tapageuses aux sélectionnés plus modestes, dans la direction des affaires de la nation.

Mais, voyez-vous, pour que vous soyez compris, il faudrait que l'élite à laquelle vous vous adressez, soit imprégnée des idées d'altruisme.....

Reinach a dit : « La République est une belle religion ; mais quel f... clergé ! »

Demandez à votre ami Clémenceau, l'homme sévèrement perspicace.

Dans l'association nationale, la grosse majorité des associés a toujours été dupée par les quelques-uns d'entre eux qui détiennent la signature sociale, et cela finira par une révolution.....

Nous souffrons d'un abcès qu'on ne guérira pas avec des émollients. Il faudra une intervention chirurgicale.....

Quoi qu'il en soit, votre opuscule est vigoureux, plein de santé morale, de conscience bienveillante, et d'inspiration conciliatrice.....

Le tout écrit de la meilleure encre.

Vir bonus, — dicendi peritus.....

Lettre de M. Mastier, ancien préfet.

Montpellier, 14 Février 1911.

. . . .

Votre brochure s'inspire de préoccupations philosophiques très sincères, très élevées, et malheureusement étrangères à ceux qui nous ont gouverné ou représenté au Parlement.

Vous avez mille fois raison de proclamer que la disparition des vieilles croyances exige une nouvelle discipline morale. Si nous ne savons pas l'instituer dans les mœurs encore plus que dans les lois, nous risquons de voir la République sombrer dans une anarchie d'appétits.....

Lettre de M. Vêtu, président du tribunal.

Chaumont, 10 Mars 1911.

. . . .

Ma pensée sur votre *Essai*, si bien pensé, si bien écrit, voulez-vous la connaître ? Vous m'avez fait rêver à la République de Platon ou à la cité de Dieu, de saint Augustin, deux conceptions magnifiques. Je vous admire de faire de pareilles envolées vers le monde de l'idéal.....

Nous sommes avant tout des êtres d'instincts et des passionnés.....

L'altruisme n'est pas prêt de s'acclimater, bien au contraire ; plus nous marchons, plus l'individu se regimbe, plus il tend à reprendre sa forme première, son égoïsme féroce, et je crois bien que nous finirons comme nous avons commencé. On se mangera entre nations, entre individus.

La raison n'est accessible qu'à une certaine élite. La masse se rue sous l'impulsion presque toujours irraisonnée ; on n'éduque pas les instincts, on les contient.....

Lettre de M. Boyer, procureur général.

Bastia, 1911.

....

Comme vous le dites fort bien, la science ouvre à l'homme l'horizon des jouissances morales ; cela est vrai surtout de la science morale. Je pense, comme vous, que l'altruisme est le *devenir* de l'homme social, et qu'il faut rendre la justice avec impartialité et bonté ; c'est ce qu'a exprimé en termes un peu obscurs D... « Pour être juste, il ne suffit pas d'être juste, il faut encore être bon » ; cela n'empêche pas la fermeté.

Espérons que la solidarité s'établira chaque jour un peu plus parmi les hommes. Vous avez apporté votre pierre à l'édifice, et votre *Essai*, fort bien écrit, m'a fait passer d'agréables moments.....

Le « Petit Troyen ».

Troyes, 22 Janvier 1911.

....

Sans attendre, j'ai dévoré votre brochure, et suis heureux de vous féliciter d'avoir dit, en d'aussi bons termes, et d'une manière à la fois précise et claire, des choses que tous les républicains devraient connaitre, et que malheureusement ils ignorent.

....

Avril 1911.

H. PIERANGELI,
Directeur, député.

« *Méditerranée* »

Revue illustrée, politique et littéraire.

« Les Livres »

....

Essai de Solidarité sociale
par M. A. PINEL (Bastia, C. Piaggi, éditeur)

Je n'eusse jamais pensé être amené à parler un jour, dans une chronique littéraire, de la Solidarité sociale, mais l'*Essai* de M. Pinel, docteur en droit et conseiller à la Cour d'appel, mérite qu'on ne le passe pas sous silence. Il a surtout un grand mérite : la clarté de l'exposition et la concision du style. En quelques mots, voici résumée dans ses grandes lignes la thèse que soutient M. Pinel.

C'est par le développement de leur personnalité que les individus seront conduits à admettre la nécessité d'un groupement social, basé sur une sélection naturelle des aptitudes intellectuelles et des qualités physiques de chacun. Il ne doit pas y avoir antagonisme entre les différentes forces sociales qui toutes sont appelées à concourir avec un ensemble réfléchi à la réalisation d'un même but, d'un même *devenir*. L'intérêt général résulte de la somme des intérêts particuliers. C'est la science qui fera naître dans les esprits cette conception morale, par laquelle chaque individu acceptera avec loyauté, en comprenant qu'il est nécessaire, le rôle qui lui est dévolu dans la société. La raison amènera ensuite les individus à une compréhension logique et utilitaire de l'altruisme, de la solidarité qui est non seulement la voie du progrès, mais encore la garantie des intérêts personnels. L'évolution sociale, normale et pacifique, est donc subordonnée à une évolution individuelle.

Telle est la thèse brillamment présentée par M. Pinel, thèse optimiste, pleine de confiance dans l'avenir, s'élevant avec énergie contre les systèmes néfastes de découragement et de négation de l'effort, dont la vérification pratique serait, à bref délai, la décadence nationale.

Jean-Paul TORT.

Bastia-Journal (quotidien), 18 Janvier 1911.

Essai de Solidarité sociale

Notre distingué concitoyen, M. le conseiller Pinel, vient de faire paraître sous ce titre une étude d'une haute portée philosophique et sociale.

Les questions dont il traite sont à l'ordre du jour, aussi ce petit livre vient-il bien à son heure. Il renferme, en effet, pour ainsi dire groupées dans un court et lumineux tableau, comme dans un écrin, toutes les pensées fortes et saines, pratiques et utilitaires, sur lesquelles repose la véritable question sociale qui préoccupe les meilleurs esprits.

Chacun peut y puiser, sans hésitation comme sans crainte, les notions les plus justes sur les rapports des individus et des collectivités dans notre sphère civilisée, sur la co-éducation des individus et des collectivités par le devoir accompli, sur le développement de la conscience et de la morale individuelles appelées à constituer par leur agrégat dans les collectivités, la conscience et la morale publiques.

L'auteur appuie son système sur un rationalisme éclairé, libéral, tolérant, tout en signalant, il est vrai, les erreurs d'un traditionalisme anti-scientifique, superstitieux et rétrograde ; puis, faisant appel à l'effort volontaire et combiné des intelligences et des cœurs, pour satisfaire à la fois la conscience individuelle et la conscience sociale, il développe et justifie la thèse de l'Identité et de l'Indivisibilité des intérêts de tous et de chacun.

Il y a donc dans cet essai de fortes et saines pensées, développées dans un style d'une facture précise, sans sécheresse, parfois coloré et entraînant, qui décèle le démocrate convaincu. C'est bien là l'œuvre d'un travailleur intellectuel et d'un philanthrope averti.

Et ce petit livre devient ainsi une bonne action. L'auteur a su le mettre à la portée de toutes les intelligences et il ne peut rencontrer dans ces conditions que tout le succès qu'il mérite.

Pour notre part, nous sommes heureux de joindre ici nos plus sincères félicitations à celles des nombreux amis de M. Pinel, magistrats, hommes politiques et publicistes, auxquels il a eu la délicate attention de dédier ses pensées les plus intimes sur une des plus intéressantes questions sociales, car la solidarité sociale est à la base de toutes les autres.

B. D.

BIBLIOGRAPHIE

Petit Bastiais du 26 Janvier 1911.

(Un Ouvrage de M. le Conseiller Pinel)

M. le conseiller Pinel vient de publier un petit livre d'une haute portée sociale et qui, sous les apparences les plus modestes, est l'œuvre d'un penseur profondément préoccupé de rechercher et de définir les principes de morale sociale qui, dans notre action collective, doivent nous conduire vers un état de civilisation supérieure.

C'est l'idée du progrès par l'association et par le libre jeu des forces sociales harmonisées, qui domine dans l'ouvrage de M. Pinel.

Après avoir indiqué les principes nécessaires sur lesquels repose toute morale individuelle, l'auteur examine la situation de l'individu dans la société d'aujourd'hui, et explique, en quelques pensées, d'une lumineuse clarté, la naissance des droits et des devoirs parmi les individus vivant en état d'association et se trouvant obligés de sauvegarder des intérêts, en apparence contradictoires, mais qui, en réalité, sont tous dirigés vers un but d'utilité commune.

C'est, d'ailleurs, dans la famille, véritable berceau des idées de tolérance et de bonté, que prennent naissance les devoirs sociaux qui doivent être constamment déterminés par les grands principes d'altruisme et de justice.

« Toute action humaine individuelle ou collective, nous dit l'auteur, qui vient à se produire dans la sphère mondiale civilisée, doit avoir pour base la justice ; car toute action troublerait la conscience individuelle et la paix sociale, si elle prenait naissance dans une injustice en violant une liberté ou un droit. »

La justice, c'est en même temps la tolérance, « admirable vertu qui nous semble dépasser en valeur l'indulgence ou la clémence », et « qui, ajoute-t-il, nous apparaît comme le produit d'une civilisation plus élevée dans une humanité plus cultivée et plus raisonnable ».

C'est par la mise en œuvre de ces principes que l'Etat-Société peut se perfectionner et prétendre à un degré de civilisation plus conforme aux véritables aspirations de la nature humaine. Et, dans toute une série de pages qu'il faudrait citer entièrement pour pouvoir donner une idée exacte de la précision de pensée qui les a inspirées, M. le conseiller Pinel étudie l'évolution de la société actuelle qui trouve, dans l'organisation républicaine et démocratique, un puissant levier d'action et de progrès, et qui doit s'efforcer, chaque jour davantage, de réaliser l'œuvre de la solidarité sociale.

Tel est le rapide aperçu que nous pouvons donner de la remarquable étude de M. le conseiller Pinel, mais il faut lire l'ouvrage dans son entier pour en apprécier, comme nous le disions au début, l'indiscutable valeur littéraire et scientifique.

M.

2 octobre 1912.

Audience de rentrée de la Cour d'appel de Bastia.

Discours de M. Boyer, procureur général.

Pendant plus de trois ans, vous avez eu, en M. le

conseiller Pinel, un collaborateur des plus expérimentés et des plus dévoués.

Après avoir fait d'excellentes études, il est bachelier ès-lettres, bachelier ès-sciences, docteur en droit, et avoir pris part, comme lieutenant des mobilisés à la campagne de 1870, M. Pinel devint titulaire, à Bar-sur-Seine, d'une étude d'avoué qu'il a gérée durant vingt et un ans avec ce zèle éclairé, cet esprit judicieux, cette grande droiture dont il vous a donné des preuves nombreuses.

Il eut bientôt gagné l'estime et la confiance de ses concitoyens et fut élu maire de la ville de Bar.

L'exercice de ces doubles fonctions n'allait pas sans des préoccupations et des fatigues qui, au bout de quelques années, le déterminèrent à demander un repos bien mérité au séjour de la campagne. Il céda son office et s'adonna à l'agriculture, sans toutefois s'y absorber complètement. Ce républicain de vieille date aimait en effet la politique, et pendant vingt-sept ans, il n'a cessé de s'y consacrer avec un désintéressement auquel on est heureux de rendre hommage.

Esprit pratique avant tout, il se plaisait en outre aux études théoriques, s'inspirait toujours des principes de justice, d'équité et d'humanité, ainsi qu'il est aisé de s'en convaincre, si on lit les brochures qu'il a publiées sur la séparation de l'Eglise et de l'Etat, l'Impôt sur le revenu, la Solidarité sociale.

L'ancien officier ministériel, cependant, ne pouvait s'empêcher de songer au passé et un jour vint où il éprouva une sorte de nostalgie de la vie judiciaire ? Il fut donc nommé juge à Chaumont, mais ses fonctions n'étaient pas de nature à satisfaire sa grande activité et son esprit d'initiative, et, bien qu'âgé de cinquante-neuf ans, il n'hésita pas à accepter la présidence du tribunal de Point-à-Pitre.

Revenu dans la métropole comme président aux Andelys et l'occasion s'ffrant à lui de connaître un pays nouveau où les affaires devaient offrir, pour un juriste, un intérêt tout spécial, il demanda et obtint d'être envoyé, en la même qualité, à Mascara.

C'est de ce tribunal qu'il est arrivé dans votre cour, vous apportant l'aide de ses connaissances aussi variées qu'approfondies, de son jugement sûr, de sa grande expérience du droit, de la procédure.

Atteint par la limite d'âge, mais toujours jeune par l'intelligence et les aptitudes au travail, il a été nommé juge de paix à Epernay.

Ai-je besoin de rappeler combien, dans notre organisation judiciaire, le rôle de juge de paix est complexe et difficile. Ainsi que l'a dit Henrion de Pansey, ils ne sont pas seulement des juges, mais encore les amis et les arbitres des justiciables. En contact direct permanent avec eux, ils doivent être également accessibles à tous, se tenir à l'écart de toute coterie et offrir les plus sérieuses garanties d'impartialité et d'indépendance, de circonspection et de dignité.

Lorsque les juges de paix possèdent ces précieuses qualités au même degré que notre ancien collègue, ils donnent à leurs fonctions un singulier relief, et on peut dire qu'il n'en est pas alors de plus belles, ni d'une plus grande utilité sociale.

Grande Imprimerie de Troyes

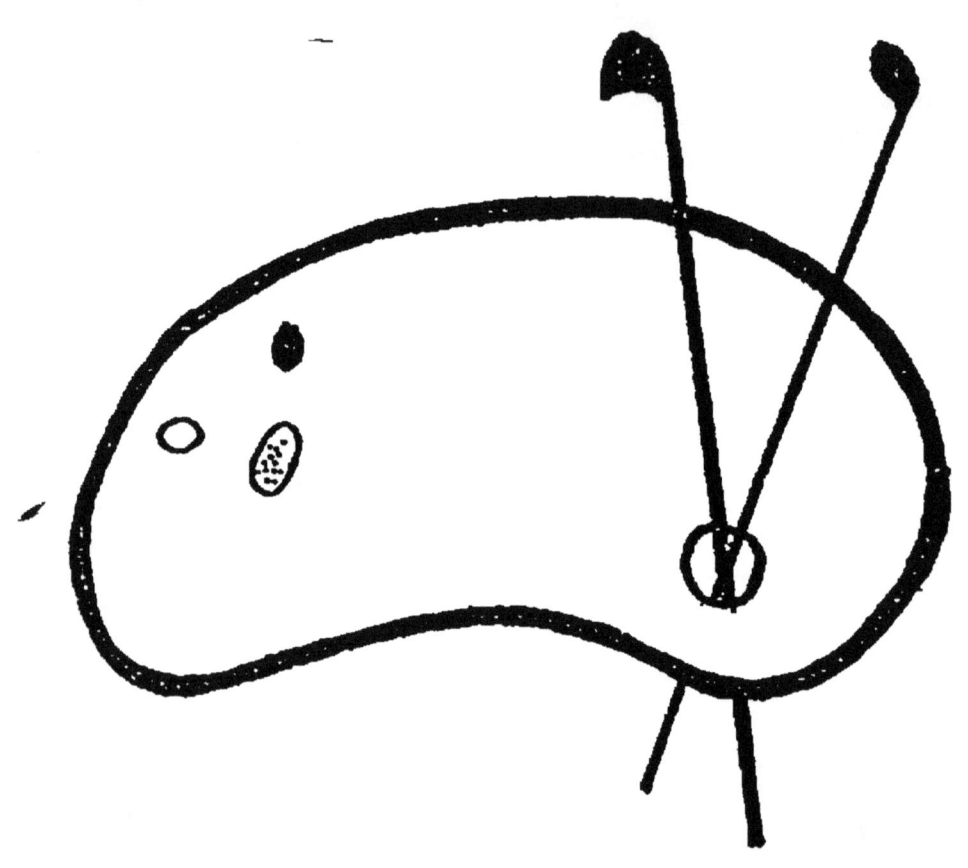

ORIGINAL EN COULEUR
NF Z 43-120-8

www.ingramcontent.com/pod-product-compliance
Lightning Source LLC
Chambersburg PA
CBHW051916160426
43198CB00012B/1918